AF469854

Monsieur Antoine d'Abbadie
Hommage de l'auteur
W. v. Eys.

ETUDE

SUR

L'ORIGINE ET LA FORMATION

DES

VERBES AUXILIAIRES

BASQUES

PAR

W. J. VAN EYS.

PARIS
MAISONNEUVE
15. Quai Voltaire.
1875.

PRÉFACE.

En publiant notre dernière brochure „le verbe auxiliaire basque", nous n'avions en vue que de faire connaître aussi promptement que possible, le résultat de nos recherches. Il eut été sans doute préférable pour nous même d'avoir attendu quelque temps, afin de pouvoir donner, ce que nous donnons aujourd'hui, savoir une étude plus complète sur le verbe basque; mais notre brochure, bien qu'une exquisse, était assez détaillée pour établir clairement ce que nous voulions prouver, c'est à dire l'origine et la formation du verbe, et pour offrir à ceux qui s'occupent de la langue basque, un nouveau champ d'investigations. Déjà dans notre dictionnaire (p. XXI), nous avions indiqué la possibilité de cette origine de l'auxiliaire; mais notre observation, bien qu'elle fît entrevoir l'explication de la question la plus embrouillée et la plus controversée de toute la grammaire basque, n'a pas été relevée jusqu'à présent [1]).

---

[1]) Au dernier moment, avant de mettre cette dernière feuille sous presse, nous recevons la Revue de linguistique (4me fascicule) contenant un article de M. Vinson sur notre dernière brochure: Le Verbe auxiliaire basque. Nous n'y répondrons pas autrement que par notre présent travail, qui résoudra, nous l'espérons, un grand nombre de difficultés et de questions que M. Vinson se pose. Il nous permettra de relever ici quelques points, qui n'ont qu'un rapport indirect avec la question principale du verbe.

M. V. revient volontiers à la question de la mutation de *h* en *k*. Voilà bientôt sept ans que nous avons publié notre Essai, et nous attendons toujours une seule preuve, un seul fait qui renverse notre théorie. Malgré cela nous lisons

Quoique les études basques aient repris depuis quelque temps, il est désolant de voir que ce qui se publie sur cette langue n'est rien en comparaison de ce qui se publie sur les autres langues. Tout tiendrait facilement dans un volume

page 330 »J'espère lui démontrer une autre fois son erreur". — De quel côté est l'erreur? Quand on fait attendre sept ans le mot est risqué.

Page 333 M. V. nous demande »pourquoi nous disons plutôt *erazo* que *arazi* lab. et *erazi* soul." — Nous ne voulons pas répondre en retournant la question, pourquoi plutôt *erazi* que *erazo.* Nous disons donc 1° que nous n'avons cité que le guip. *erazo,* parce que dans une plaquette de quinze pages, il n'y a guère do place pour citer tous les dialectes, 2°. qu'une forme n'est pas meilleure que l'autre; mais que 3°. ici *erazo* est préférable, puisque cette forme appartient aux dialectes bisc. et guip. et que *eroan* étant biscaïen, et non pas souletin, ni labourdin, ce serait une erreur que de mêler les dialectes. Finalement nous croyons que *eroan* est une forme contractée de *erazo-joan,* et non pas, comme M. V. nous corrige *era-joan*; *era,* n'existe pas et ne signifie rien; *era* n'explique pas *edanazi, era* est la syncope de *erazo* ou *erazi,* dont quelquefois la fin et quelquefois le commencement se perd; *ar* + *erazo* fait *arerazo;* ici *erazo* est en entier; *edan* + *erazi* fait *edanazi,* et *adi-erazi* fait *adirazi;* par contre *ekarri* + *erazo* fait *erakarri;* ici *zo* s'est perdu; voir notre dictionnaire.

Nous trouvons page 334 une question élementaire de grammaire générale. M. V. dit: »Il ne m'est pas possible d'admettre que lorsqu'un Basque dit *eztut ogirik* »je n'ai pas de pain", il dise en réalité »je ne fais pas aller de pain." M. Vinson oublie qu'un auxiliaire n'est auxiliaire que parce qu'il a perdu sa signification primitive. Le latin stare »être debout" a donné en français »été". Selon le raisonnement de M. V. »j'ai été couché" serait »j'ai été debout couché"! Que dira M. V. de l'auxiliaire »zal" holl., »shall" angl. indiquant simplement un futur, mais signifiant à l'origine selon Grimm »j'ai tué"; puis »je dois" et finalement le futur. V. Chips etc. prof. M. Muller, II. p. 65. — »J'ai dormi" sera »je possède dormi".

Plus loin p. 436 M. V. dit: »Je n'insiste pas sur la diversité des dialectes où »tant de formes sans *r* obligent M. van Eys à faire intervenir de nouveaux ra»dicaux". — M. V. ne se rendant pas compte des mutations du nom verbal, croit qu'il est nécessaire d'avoir recours à d'autres radicaux; c'est donc lui qui les ferait intervenir et non pas nous. M. V. applique ses déductions à notre théorie, ce qu'il est libre de faire, seulement en ne nous les prêtant pas.

Page 346 nous trouvons une question de langue française, parfaitement inutile, quand même fondée, qu'il nous soit permis de le dire, dans une discussion sur la langue basque. M. V. dit: »ai n'est pas une diphthongue mais une voyelle simple."

Nous regrettons de devoir renvoyer M. V. à la grammaire de M. Brachet, p. 97, où nous lisons: ai, son composé; et à celle de M. Diez (vol. I, p. 137 et 406) qui emploie les termes de diphthongues et de sons composés (mischlaute). Pour notre sujet il suffisait de dire »diphtongues" sans entrer dans des détails.

in 8°, d'une centaine de pages, et encore sur ces cent pages, il y en a tout au plus vingt cinq peut-être, qui nous donnent un travail original; le reste se réduit d'habitude à des criti-

---

Une dernière remarque. Page 323, M. V. dit que dans les quelques lignes que nous avons consacrées à sa théorie du verbe, il découvre pourtant une inexactitude et s'exprime ainsi: »Je n'admets point, en effet, que le radical du verbe »avoir" »basque, *u*, n'ait pas de sens; pour moi, cet *u* signifie avoir". — Je n'admets point, est une expression forte, quand il est indiscutable que *u* n'a pas de sens. La supposition d'un radical *au* avait pour base un mot réel, existant, le démonstratif *au*; mais *u* n'existe pas. Que cet *u* ait pour M. V. la signification de »avoir" n'ajoute absolument rien à sa démonstration. Pour M. de Charencey, par exemple, *ukhan* a la signification de »in manu" et pour M. V. *khan* est une syllabe adventice, afin d'avoir le *u* pour radical. Il ne s'agit pas de savoir ce qu'un mot est pour tel ou tel auteur, mais de savoir ce qu'est le mot.

Quelques mots encore par rapport à notre article dans la Revue de linguistique (Janv. 1875), et sur lequel M. V. revient ici. — M. V. paraît ne pas saisir la question de l'*n* mouillé comme nous la posons. Nous avons dit et nous répétons: La question est de savoir si *in* correspond à *ñ*, et nous croyons qu'il ne peut rester aucun doute à cet égard, en voyant la double orthographe de mots comme: *dohañ* = *dohain; oñ* = *oin*; *baña* = *baina*; *deino* formé de *de* (pour *da*) et *no; lirañ* = *lirain*, etc. M. V. n'est pas de cet avis, mais nous ne trouvons dans les deux pages qu'il consacre à cette question, aucun argument qui dérange notre thèse. Ce qu'il aurait fallu prouver, c'est l'origine de l'*i*. Il est indiscutable que le *i* dans *deiño* n'est pas radical, le mot étant formé de *de-ño*. A quoi sert donc le *i* si ce n'est à indiquer le mouillement? ici comme dans tousl es autres mots. — Il est possible, il est probable même qu'il y a des mots où le *i* appartient au radical; est-ce que *baino* est du nombre? Ce sera l'analyse du mot, et non pas la prononciation des Labourdins, qui décidera la question. Pour prouver que Liçarrague ne prononçait pas le *n* mouillé, M. V. cite son orthographe: *Amaginharreba, oraino, egundano.* — Le dernier mot seulement est une preuve, car si Liçarrague eût voulu indiquer le mouillement (ce que nous ne voulons pas discuter maintenant) il n'aurait pas pu écrire autrement; à cette époque on rendait *ñ* par *in* ou *nh* provencal.

Même confusion pour *ba* et *bai*. L'étymologiste ne s'arrête pas à ce qu'un mot est employé dans deux acceptions différentes; cela peut lui être un guide, voilà tout. M. V. consacre deux pages à cette question, sans donner un seul argument qui renverse notre supposition que *bada* et *baita* sont des variantes d'un même mot. *Ba* »si" n'est pas en cause ici; que *ba* affirmatif est rendu par ya espagnol, chacun le sait; que M. Inchauspe nomme les formes verbales avec *bai* préfixé »formes d'incidence" cela n'a aucune importance pour l'étymologie du mot. — *Ba* ou *bai* est l'affirmation en basque, et *bai* + *da* fait *baita* »il est" et comme *bada*, de *ba* + *da*, signifie aussi „il est", nous croyons que ce sont des variantes. — M. V. appelle les formes en *bai* „causatives", et *bai* équivalent à „parce

ques et à des controverses, dont les résultats sont souvent nuls pour la philologie basque.

L'étude de cette langue intéressante paraît encore toujours se ressentir de la confusion de l'ancienne grammaire, ainsi que de l'enthousiasme exagéré de ses admirateurs. Confusion et enthousiasme, l'un comme l'autre, ont eu, et ont malheureusement encore, leur source dans une appréciation tout-à-fait erronnée de la langue. Ce qu'il fallait admirer ne l'est pas, et ce que l'on admire n'existe souvent que dans l'imagination. La même somme d'enthousiasme aurait pu être dépensée, seulement pour des faits qui en valent la peine, et non pas pour des chimères qui ne sont que le produit d'études superficielles.

Ceux qui ont lu notre dernière brochure sur le verbe auront vu qu'il restait encore plusieurs questions à résoudre; il n'a

---

que". Comme exemple il cite: *anderetan ceren bayta verthutea*, et traduit »parce que la vertu est dans les dames". — Ceci ne nous paraît pas exact; *bay* doit encore être rendu par un mot explétif, comme: oui certes, en effet, sans doute etc. *Zeren* est le véritable mot causatif (en basque comme dans tout autre langue), ;et le terme de »forme causative" ne peut jamais s'appliquer, croyons nous, au verbe, de n'importe quelle langue, quand bien même ce verbe est modifié par un adverbe. Qu'est-ce qu'il y a de causatif, pour citer un exemple, dans la phrase suivante: *Badire bortz principalac, ceinac bai dire* »il y en a cinq (litt. ils sont cinq) principaux, qui sont... Une observation juste mais que personne ne contestait. c'est que *zeren. non*, etc. veulent que le verbe soit construit avec *bai*. Et même ceci n'est pas une règle absolue, du moins Axular ne s'y tient pas: v. anc. éd. p. 435. Une autre observation, que nous acceptons volontiers, c'est que les basques français écrivent toujours *bai* dans le sens indiqué ci-dessus, et jamais *ba*. Si M. V. ajoute qu'il faut soigneusement distinguer la »forme incidente" de la »forme affirmative" cela est vrai, sans doute, comme règle de la syntaxe, mais l'étymologie, qui cherche le fond du mot, ne doit pas s'y arrêter. Maintenant pour en finir, exprimons nos remercîments à M. V. de nous avoir désigné l'emploi de *adin* à l'indicatif. Il nous permettra de relever une petite confusion qu'il fait dans la Revue de linguistique vol. V. p. 215. note 1, où M. V. dit", mais Decheparre aussi bas.- nav. leur donne un autre sens *Harcaz orhit nadinian, vihoza doat ebaqui*. — Le sens est autre, il est vrai, mais c'est parce que la forme est autre; v. notre Essai, p. 35. *Nadinian* est *nadi-n-ean*, comme *jan dedanean*, quand j'ai mangé: de *det-n-ean*.

Nous devons encore aussi exprimer notre regret d'avoir cité *egotzak*, dans notre article de la Revue de linguistique, comme ayant été donné par M. V., pour l'impératif de *egon*; il a dit, et avec raison, que c'est l'impératif de *egotzi*.

même pas été question du tout du verbe *izan*. Aujourd'hui nous espérons remplir ces lacunes, et comme une découverte en amène souvent une autre, nous croyons pouvoir donner aussi l'explication du pronom relatif, de la conjonction et du locatif, toutes questions très obscures de la grammaire basque.

A ces découvertes nous croyons pouvoir encore en ajouter une autre, trop récente pour avoir pu trouver sa place dans notre travail; c'est l'origine du *d* de l'imparfait; elle fera le sujet d'une remarque additionnelle à la fin de notre étude.

INTRODUCTION.

Les différentes formes du verbe basque ont été trouvées par les uns, parfaitement claires, par les autres extrêmement obscures. Il y a donc deux partis, celui qui tâche d'expliquer, et celui qui croit qu'il n'y a rien à expliquer.

Il va sans dire que ceux qui considèrent les flexions du verbe auxiliaire comme des terminaisons, c'est à dire comme un amas de lettres sans signification, sans racine, tombées pour ainsi dire du ciel, se sont condamnés eux-mêmes à ne jamais trouver le mot de l'énigme.

Mais il faut bien se l'avouer, ceux qui n'ont pas été si loin dans cette voie fantaisiste, ceux mêmes qui ont admis deux auxiliaires distincts, et qui sont partis d'un *à priori* parfaitement justifiable, savoir que le verbe auxiliaire devait avoir un radical, ceux là, disons nous, n'ont pas été heureux jusqu'à présent dans leurs tentatives d'explications.

Il n'y aurait aucune utilité à discuter longuement ces différentes théories; nous voulons seulement indiquer les principales.

Les idées de W. v. Humboldt par rapport au verbe ne sont pas très-nettes. Il laisse indécis si le verbe pourra jamais se plier à un système (voir Berichtigungen etc. p. 48); mais à la page suivante nous lisons qu'Astarloa est le premier qui ait découvert l'arrangement systématique du verbe *). Pour

---

*) Astarloa n'en dit rien dans son »Apologia". Humboldt a eu d'autres écrits de cet auteur à sa disposition.

Humboldt la racine de *dot* est *o*, de *deutsut*, *eu*, de *nachazu*, *a*, ce qui suffit déjà pour prouver qu'il ne soupçonnait pas la véritable origine de l'auxiliaire qui correspond à „avoir". De l'auxiliaire *izan* il n'en dit rien. Mais Humboldt malgré cela a très bien vu que les flexions que l'on a nommées plus tard „terminaisons relatives", étaient les flexions de l'auxiliaire (v. p. 51). Cependant il paraît confondre les flexions des deux auxiliaires, quand il cite p. 51, *maitetuten nachazu* (ou *natzatzu* selon Zavala); l'emploi des flexions de *izan* au lieu de celles de l'autre auxiliaire, est si extraordinaire, que s'il eût reconnu dans *nachazu* une flexion de *izan*, il l'aurait sans doute fait remarquer.

Lécluse dans sa grammaire, ne nous apprend rien. Le nombre et la forme des flexions sont toujours ce qui a ébloui; la nature du verbe, personne n'y a songé. Lécluse cependant admet deux auxiliaires distincts, *dut* et *naiz*; ainsi que Darrigol, qui est de la même époque: „La langue basque n'a à proprement parler que deux verbes." Diss. apol. p. 109. Cette notion parfaitement raisonnable était une des rares appréciations justes des verbes auxiliaires. Il paraît cependant que la langue basque ne pouvait pas s'accomoder d'un jugement si simple; il fallait du surnaturel et un beau jour on prononça gravement que „avoir et être" n'avaient pas de signification propre en basque, mais que la même terminaison, modifiée de différentes manières, indiquait tantôt „avoir" et tantôt „être". Il est difficile d'analyser ces théories, qui dans tout autre langue n'auraient pas le sens commun; nous ignorons à qui nous les devons; mais nous les trouvons déjà chez Chaho, Etudes gram. p. 82 où l'auteur s'exprime ainsi. „L'on „a dit que la langue euskarienne reconnait deux verbes, *naiz* „et *dut*, je suis et j'ai. Cette assertion n'est exacte que sous „un point de vue de division grammaticale. Il est certain (!) „que la forme *dut* n'est que la 3me pers. du verbe *niz; da* „avec combinaison d'un double rapport: *dahoura*, lui est, il

„est; le *t* final exprimant une relation personnelle à l'individu „qui parle". — *Dut* serait donc la syncope de *da-houra-t*!

Et plus loin „Une autre remarque qui achève de démontrer „que le *dut* n'est qu'une modification (?!) de *niz*, avec expres- „sion de divers rapports, c'est que la conjugaison de *niz* avec „relation de personnes et celle de *dut* régissant des personnes sont „parfaitement identiques; *nuzu*, vous m'avez, *nuzu*, je suis" *). Chaho, dans ce cas-ci, s'est trompé ni plus ni moins qu'un autre; mais quand il affirme que l'impératif *ezak*, *ezadak* dérive de l'impératif *iz*, et s'écrit dans la plupart des dialectes *izak*, *izadak*, l'enthousiasme pour sa théorie erronée l'emporte un peu loin; il avance une chose qu'il pouvait savoir ne pas être juste. On peut sourire de ses phrases boursoufflées, mais il n'en est pas de même de ses assertions inexactes qui n'ont aucune excuse pour elles; il aurait bien fait de citer les auteurs qui se servent de ces formes.

Zavala, dans son „Verbo vizcaino", pas plus que Larramendi, dans son „Arte", ne donne aucune théorie sur le verbe.

M. Mahn partage l'opinion de v. Humboldt; voir „Denkmäler der baskischen Sprache". Berlin, 1857.

Ailleurs nous avons discuté l'opinion de M. l'abbé Inchauspe; voir l'introduction de notre dictionnaire basque-fr. p. XVI. Nous avons attaqué alors sa théorie (si théorie il y a) sur la nature du verbe. Il nous reste encore a dire quelques mots sur la manière dont M. Inchauspe entend la syntaxe du verbe; elle est à l'unisson de sa théorie sur la nature du verbe. Nous aurons à relever dans ses explications la même confusion et la même terminologie baroque, que nous avons déjà signalées ailleurs, en parlant de ce que quelques auteurs nomment la déclinaison basque.

---

*) L'emploi de „avoir" pour „être" est une question obscure; mais ce qui est parfaitement certain c'est que *niz* n'a rien de commun avec *dut*.

Selon M. Inchauspe les terminaisons du verbe se subdivisent en quatre formes, ce qui donne le tableau suivant (v. Verbe basque, page 7), dont il suffira de donner deux flexions.

Forme capitale.	Forme régie positive.	Forme régie exquisitive [1]).	Forme d'incidence.
Du, il a	*diala*, qu'il a	*dian*, il a	*beitu*, il a
Zian, il avait	*ziala*, qu'il avait	*zian*, il avait	*beitzan*, il avait.

On pourrait appliquer ces divisions avec autant de droit à tout autre langue, ce qui aurait le même résultat, celui d'en rendre l'étude très-confuse.

On voit par ce tableau que la première forme est simplement la flexion du verbe, la seconde est cette même flexion avec la conjonction *la* „que" ; la troisième avec la conjonction *n* „que"; la quatrième avec *bei* préfixé. Les changements que la flexion subit, sont dus aux exigences phonétiques ; *du* + *la* devient *diala* en souletin ; (ce dialecte a fortement souffert comme l'on verra plus tard) et *duela* en guipuzcoan. *Zian* + *la* devient *ziala*, puisque *n* doit être élidé devant *l*, voir notre Essai, Ch. II. *Du* avec *bei* préfixé devient *beitu*, puisque souvent le *d* se durcit après la voyelle. Il n'y a donc aucune raison de fabriquer des épithètes pour le verbe, dans le cas où il se trouverait uni à une conjonction ou à tout autre particule.

Voici un autre exemple de confusion. *No* signifie : jusque, tant que, autant que, pendant que; p. ex. *harequin bidean aiceno*, pendant que tu es en chemin avec lui. *Aiceno* est formé de *aiz* „tu es" et *no* „pendant que" ; (v. notre Dict. s. v. *no*). Et ainsi *dezaket* + *no* signifie „autant que je

---

[1]) Le mot „exquisitif" ne se trouve même pas dans le dictionnaire de Littré; mais heureusement la forme du verbe à laquelle ce terme est appliqué, est plus claire que le qualificatif même.

puis", et s'écrit *dezakedano*, parce que *t*, à la fin de la flexion et quand suit un suffixe, devient *d*, et comme *dno* ne peut se prononcer on intercale la voyelle de liaison *a*. Ouvrons le „Verbe" de M. Inchauspe, par ex. page 187 ; là nous trouvons *dezakedano* écrit *dezakedan-o*, ce qui doit signifier sans doute que M. Inchauspe a analysé le mot qui se compose de *dezakedan* et *o*. Or *dezakedan* et *o* ne signifient quelque chose, que quand on admet que le *n* de *no* est la conjonction *n* „que", ce qui nous paraît possible aujourd'hui ; mais ce dont M. Inchauspe ne se doutait certes pas quand il a publié son Verbe.

La grammaire basque n'est rendue confuse que faute de la comprendre. C'est ainsi que M. Gèze déclare que „*la forme* „*du verbe* dispense d'exprimer le pronom relatif qui, que: „l'homme que j'ai vu, *ikhusi dudan gizouna.*" (Eléments de grammaire basque p. 74). — Or *dudan* est *dut* + *n*; *n* est le pronom relatif et le *t* de *dut* (comme nous venons de le voir pour *dezaket*) devient *d*. Parce qu'en français le pronom est écrit séparé du verbe, et l'article séparé du nom, ce n'est pas une raison de croire, comme M. Gèze paraît le faire, qu'il n'existe ni pronom relatif, ni article en basque. Ces assertions sont plus nouvelles que justes, et si jamais le N. Testament, traduit par Liçarrague vient sous les yeux de M. Gèze, il supprimera d'une coup de baguette le nom de nombre *bat*, que cet auteur écrit invariablement uni au mot qu'il qualifie. On dirait que l'étude du basque va à reculons.

Si M. Gèze avait simplement copié la première grammaire venue (celle de Larramendi par exemple), il aurait evité ces erreurs, fâcheuses surtout dans une grammaire destinée à des commençants, dont elles ne peuvent qu'embrouiller les idées. [1])

M. le capitaine Duvoisin n'admet, lui non plus, qu'un seul verbe. — „Unité verbale. Une seule conjugaison réunit les

[1]) Ce n'est pas ici que nous examinerons ce livre, qui a été écrit dans un but

„modes d'exprimer l'idée agissante ou passive, l'état ou le „mouvement, *da*, il est; *du*, il a. Dans ces deux formes se „concentre le génie créateur du système de conjugaison." (Voir la critique de notre Essai, reproduite dans l'introduction du dict. basque-fr.) Un peu plus loin, on lit. „Dès que l'on „a saisi la clef de la conjugaison, les grands problèmes sont „résolus (!), tout se simplifie et l'on ne tarde pas à se rendre „maître de la langue."

On pourrait croire que ce jugement définitif de M. Duvoisin, et qui date de 1867, aurait pu subir quelque modification, par la lecture d'un des nombreux ouvrages de philologie comparée; il n'en est rien cependant Dans un compte rendu d'un „Guide" publié à Bayonne en 1873, sans nom d'auteur, M. Duvoisin s'exprime ainsi: „Toutefois „s'il (Lécluse) a parcouru, non sans quelque avantage, les voix „de cette conception immense (le verbe, en français vulgaire), „il s'est mépris sur la nature et l'indentité (?) du verbe lui-„même, en prenant le nom verbal pour le verbe, et le verbe „pour un auxiliaire. C'était en 1826. Mais alors M. Lécluse „n'avait pas à sa disposition les profonds travaux qui sont „venus depuis éclairer une question, d'autant plus difficile à „comprendre, qu'aucune langue ne présente une idée voisine „du système colossal de conjugaison basque. On ne connais-„sait pas alors le beau prélude (la préface, apparemment) „donné dans les Etudes grammaticales par M.M. d'Abbadie „et Chaho; le magnifique développement du verbe par l'abbé „Inchauspe, ni les travaux presque incroyables que publie

---

excellent, celui de donner une grammaire pratique; mais pourquoi l'auteur, qui, dans une préface très-modeste, attribue à M. Inchauspe tout ce que son livre peut avoir de bon, pourquoi se hasarde-t-il à ajouter des notes, dont la source mporte peu, mais qui sont évidemment fautives. A la page 6 nous lisons »L'article n'existe pas en basque". Tout commentaire est superflu. Si demain on lit dans une grammaire française, nouvellement publiée »il n'y a pas d'article en français", personne ne se donnera la peine de le refuter.

„actuellement le prince L. L. Bonaparte. — (Profond, ma-„gnifique, incroyable!)

„L'auteur du Guide, semble vouloir nous faire rétrograder „jusqu'en 1826, etc. etc." (voir Examen critique du guide élémentaire etc. etc. par M. Duvoisin. 1874).

Nous ne doutons pas un instant que quand on a saisi la clef de la conjugaison, tout ne se simplifie, et que les grands problèmes ne se résolvent; mais c'est là justement la question de savoir qui tient la clef et qui ne la tient pas. Il n'est pas difficile de faire entendre, et même de dire clairement qu'on a saisi la clef; la difficulté est de le prouver.

On le voit l'explication du verbe n'est pas plus avancée de nos jours, qu'elle ne l'était du temps de Larramendi; au contraire nous allons de mal en pis, du moins pour le verbe *izan*, pour lequel de nouvelles hypothèses se sont produites. Sans doute personne ne prétendra qu'il faille bannir les hypothèses; elles sont nécessaires, puisqu'on n'arrive pas d'emblée à découvrir la vérité; mais toujours faut-il qu'elles aient un caractère tout-à-fait provisoire et une apparence de possibilité. Il nous semble que jusqu'ici il n'a été rien donné de satisfaisant, pas même par ceux qui cherchent dans l'auxiliaire un radical avec le sens de „avoir".

Les discussions de M. Vinson avec ses contradicteurs (Revue de linguistique, vol. v. p. 206.), tout aussi bien que ses propres théories, n'ont amené aucun résultat, et il nous permettra de relever une phrase dans le vol. VI p. 239, qui pourrait faire supposer que le mystère du verbe n'en est (ou n'en était alors) plus un. Voici la phrase: „Le verbe basque „présente à l'observateur un édifice véritablement très-compli-„qué, dont faute d'idées générales suffisantes on n'a habituellement pas compris la nature". — Pourquoi habituellement? Il fallait plutôt, „dont on n'a jamais compris la nature". Les opinions de tous les auteurs que nous venons de citer le prouvent. Ce qui est la racine pour l'un, est une terminaison pour l'autre, et n'a pas même de signification pour un troisième. Si M. Vinson veut dire le mécanisme de la conjugaison, nous pourrions plutôt être de son avis, quoique ce système ne soit connu que bien imparfaitement, vu qu'on ignorait ce qui constitue la base du verbe. Astarloa, comme dit Humboldt, est le premier qui ait arrangé systématiquement (pour autant qu'il a pu) le verbe, mais il est probable qu'avant lui on a vu, que ce qui a été appelé jusqu'à présent „terminaison", était formé de lettres ou de groupes de lettres qui revenaient régulièrement pour indiquer, soit le sujet, soit le régime. Cela sautait trop aux yeux pour ne pas s'en apercevoir.

La théorie du Pce Bonaparte, que le radical serait le pronom *au* n'explique pas plus l'auxiliaire que le radical *u* de M. Vinson. Le présent de l'indicatif s'explique par *au*, ce dont on verra la raison plus loin, mais déjà pour l'imparfait il faut beaucoup de bonne volonté et de lettres euphoniques, pour y reconnaître la racine *au*, et pour la conjugaison avec les deux régimes cette racine ne sert à rien. Si l'on ne s'était pas arrêté à l'explication d'un seul temps, on se serait bientôt aperçu qu'on faisait fausse route.

L'hypothèse d'un radical *au* était sans doute la plus acceptable; nous avions proposé nous-même dans notre dictionnaire (v. *euki*) de considérer le pronom démonstratif *au* comme radical de l'impératif *auk, aun, auzu*, aies; c'est à dire *au-k, au-n, au-zu*; *ori* a bien donné *orizu, orizue*. Même aujourd'hui que nous avons retrouvé le radical de l'auxiliaire, l'origine de l'impératif *auk* nous semble incertaine.

CHAPITRE I.

LES TRAITEMENTS.

Il est nécessaire avant d'en venir à l'explication du verbe auxiliaire, de faire quelques observations générales, que suggère la comparaison de l'auxiliaire qui correspond à „avoir" dans les différents dialectes.

Ce que l'on est convenu d'appeler „traitements", sont les flexions différentes pour indiquer que l'on parle, 1° à un homme; 2° à une femme; 3° d'une façon respectueuse, indifféremment à un homme ou à une femme; 4° d'une façon vague, qui n'indique pas de rapport entre celui qui parle et celui à qui l'on parle. On voit que ces deux dernières formes se touchent de très près; l'une est respectueuse, l'autre n'est pas familière, puisqu'il y a deux formes spéciales pour l'exprimer; elle a donc une valeur toute négative, ni respectueuse, ni familière; elle est vague comme dit M. Salaberry, indéfinie comme dit M. Inchauspe. Les dialectes bas-navarrais et souletin possèdent ces quatre traitements. M. Inchauspe les a donnés dans son „Verbe basque", ce qui avait été fait avant lui par M. M. Chaho et d'Abbadie dan leurs „Etudes grammaticales".

Les dialectes guip. et bisc. ne possèdent que trois traitements. Zavala (bisc.) appelle l'un „cortes" (poli, respectueux), et les deux autres „familiares" (familiers), dont un s'emploie quand on parle à un homme et l'autre, quand on parle à une femme.[1]) La seule différence entre les dialectes basques esp. et basques fr., c'est que le traitement que les Biscaïens et Guipuzcoans appellent „cortes" (poli), est appelé vague par les Souletins et Bas-navarrais. Ces derniers ont un autre traitement respectueux, et comme nous l'avons dit, inconnu aux basques espagnols. — Y a-t-il lieu ici de tant admirer cette richesse de la conjugaison basque? Comme juge impartial entre les différents dialectes, il nous sera permis de dire que nous admirons infiniment plus la sobriété guip., bisc., et lab. qui est encore de la richesse en comparaison d'autres langues, que ce luxe de formes, qui n'est au fond qu'une superfétation parfaitement inutile. Il n'est pas facile de voir ce qu'on peut désirer de plus quand on a les trois traitements. On parle, soit d'une façon polie, respectueuse, soit d'une façon familière. Aussi ce quatrième traitement porte-t-il l'empreinte de ce genre de politesse exagérée, qu'il paraît être destiné à exprimer, il a l'air tout artificiel. Il n'ajoute rien, selon nous, à la richesse de la langue, puisqu'il ne remplit aucune lacune. Les flexions à plusieurs régimes, voilà de la richesse; elles répondent à un besoin, elles ont un but utile; on exprime par elles, avec beaucoup de concision, toute une phrase. — La forme respectueuse des Biscaïens et Guipuzcoans n'a donc pas été trouvée assez respectueuse par les Souletins et les Bas-navarrais, qui l'ont reléguée dans une classe incertaine, ni respectueuse, ni familière. Les flexions *daut, dauzu, dau,* etc. sont remplacées en soul. par *dizut, duzu, dizu,* etc. comme traitement respectueux, et *dut, duzu, du,* soul., qui correspondent à

---

[1]) Pour plus de concision nous indiquerons ces deux traitements familiers par: masc. (masculin) et fém. (féminin). Cette dénomination n'est pas exacte; elle pourrait faire croire que telles flexions sont employées par l'homme, telles autres par la femme, ce qui n'est pas; elles indiquent le genre de la personne à qui l'on parle.

daut, dauzu, dau, bisc., servent pour le traitement vague. Ce changement de signification que le souletin a fait subir à *daut* ou *dut* etc., tout autant que l'inutilité de la forme respectueuse souletine, donnent à réfléchir, et l'on se demande si tout ce traitement n'est pas un produit entièrement factice, dont l'origine ne remonte pas bien haut.

Il saute aux yeux que ces flexions sont les mêmes que celles qui sont appelées „polies ou respectueuses" dans les dialectes basques espagnols; on y a seulement ajouté *zu*. Ainsi *dut* est devenu *duzut*; *du* est devenu *duzu*; *dugu* est devenu *duzugu; deyo* est devenu *diozu*, et ainsi de suite, avec de légères modifications; au lieu de *duzut* le bn. dit *dizit* et le soul. *dizut*; pour *duzu* le bn. dit *dizi* et le soul. *dizu*. Ce *zu* pouvait assez bien s'adapter aux flexions autres que celles de la 2me pers. du plur.; mais pour cette personne il se présentait des difficultés. Comme on avait fabriqué *dizut* de *dut*, pour être conséquent, il aurait fallu faire de *duzu*, *duzuzu*, ce qui a paru choquer, et l'on a été obligé de conserver *duzu* en commun avec tous les autres dialectes, qui expriment le singulier honorifique par le pluriel, ce qui est aussi l'usage en français, (vous) en anglais (you) et dans beaucoup d'autres langues. La même difficulté s'est présentée, comme de raison, quand le soul. avait à exprimer les flexions où la 2me pers. se trouvait comme datif; p. ex. „le à toi" respectueux, (nous dirions „le à vous," singulier). Ici les formes se sont confondues, c'est à dire la même forme sert pour l'indéfini et le respectueux: *Deizut, deizu, deizugu, deizuye.* Tout ce traitement a quelque chose d'artificiel; cette espèce de confusion démontre assez que le soul. s'exprimait d'abord comme les autres dialectes.

Le soul. *duzie* correspond à *duzue* des autres dialectes; ce *duzue* est pour *duzute*, par suite de l'élision très-fréquente du *t*. Comme nous venons de le dire *duzu* „vous avez" (pluriel), étant devenu un sing. honorifique, on a formé (ce dont on s'est passé en français et dans d'autres langues) un pluriel d'un pluriel: *duzute*, pour exprimer le véritable pluriel.

On serait tenté de considérer ces flexions comme une fabrication de quelque maître d'école, qui, ayant vu *zu* dans la 2me pers. du sing. *duzu*, pour *duk* masc. et *dun* fém., et ne s'étant pas rendu compte de ce que *zu* est le pronom *zu* „vous", l'a introduit partout, croyant y voir la caractéristique de la forme respectueuse. L'emploi du pronom de la 2me pers. plur. et par conséquent du verbe à la 2me pers. du plur. comme forme polie, n'est nullement un trait caractéristique du basque (voir l'article „*zu*" dans notre dict.), cela se retrouve dans beaucoup de langues.

Ainsi toutes les fois que nous citerons les différents dialectes, le traitement indéfini souletin sera considéré comme traitement respectueux.

CHAPITRE II.

LE TRAITEMENT FAMILIER.

Avant d'en venir à l'exposition du verbe, il est nécessaire de nous arrêter un moment au „traitement familier". Ce traitement existe dans tous les dialectes, mais il s'est le mieux conservé dans les dialectes basques français; et comme les plus anciens livres basques sont en dialectes bn. ou lab., on y trouve bien plus fréquemment ce traitement que dans les livres basques espagnols, dans lesquels nous n'avons trouvé jusqu'à présent ce traitement que pour la 2me pers. Larramendi ne cite cette forme que pour la 2me pers. du sing. *dek*, *den*, tu as. Il faut bien dire qu'il n'aurait pas pu l'omettre. On pourrait se passer, comme dans nos langues, des formes comme *diat*, j'ai, masc. *dinat*, j'ai, fém.; mais on peut moins bien se passer de *duk*, tu as; il faut pouvoir parler à un seul individu. Larramendi ne connaît ce traitement pour la 1re et la 3me personne, que comme une variété de dialecte (Voir prologue du dict. part. 1 § 14 et „Arte" p. 233. § 1.) et ne cite que quelques rares exemples: *esaten cioat* „je le lui dis." Pour lui, le présent de l'indicatif est comme nous le donnons plus bas, et c'est ainsi que les auteurs guip. et bisc., autant que nous sachions, s'en servent; c'est à dire indiquant le genre de la personne à laquelle on parle, seulement à la 2me pers. du sing.

Det, j'ai.
Dek, *den*, *dezu*, tu as, masc. fém. et respect.
Du, il a.
Degu, nous avons.
Dezute, vous avez.
Dute, ils ont.

Zavala, dans son „Verbo vizcaino," donne le traitement familier au complet, plus au complet que M. Inchauspe, tellement au complet qu'on se demande si Zavala n'a pas comblé, par-ci, par-là, ce qu'il croyait être des lacunes. Tandis que le souletin et le labourdin n'ont qu'une flexion pour dire „je t'ai" *hait*, soul., *hut*, lab., le bisc. en a deux: *aut* (masc.) et *aunat* (fém.). Liçarrague écrit: *Eta harc erran cieçon, alaba*, Marc, V. 34. Et il lui dit: (ma) fille... *Cieçon* sert aussi quand on parle à un homme. *Baina Jesusec etzieçon permetti.* Marc, V. 19. Mais Jésus ne le lui permit pas. Zavala donne deux formes différentes: *yeroakoan* et *yeroakonan.*

Si au contraire nous trouvions deux flexions différentes en bn. et une seule en bisc., il n'y aurait eu rien d'étonnant; mais voir Zavala donner ce traitement sans aucune lacune et cela dans un dialecte qui ne le connaît presque plus maintenant, voilà ce qui est surprenant. Malgré cela Zavala reconstitue toutes ces flexions, avec une perfection, que n'atteint pas le dialecte auquel ces façons de s'exprimer sont restées familières.

Le système d'après lequel on peut former ces flexions est si simple, en apparence du moins, qu'on craint toujours de voir l'auteur, par amour propre pour sa langue, induit à forger des flexions pour compléter ce qu'il croit faire défaut. A propos de la facilité avec laquelle on peut faire de nouvelles flexions, M. l'abbé Inchauspe dit: „Aucun dialecte ne possède „de relations indirectes pour les formatifs qui expriment la „première et la deuxième personne comme régime direct. „D'après le système de composition des régimes indirects il „semble qu'on aurait pu dire: je t'offre à lui, *eskentzen hayot*; „tu m'offres à lui; *eskentzen nayok, nayon, nayozu.*" Verbe basque, p. 205.

Ce raisonnement a l'air d'être parfaitement juste. Puisque „tu le à lui" se dit en souletin *deyok, deyon, deyozu*, et comme le *d* initial indique „le", il n'y a qu'à remplacer ce *d* par *n* (pour *ni*, moi) et on aura: *neyok, neyon, neyozu* „tu le à moi" M. l'abbé dit *nayok*, etc. apparemment parcequ'il écrit *naik*, „tu me". Nous reviendrons plus tard sur ce système, entièrement défectueux, de former de nouvelles flexions.

La théorie d'un verbe auxiliaire sans racine, est une de ces théories qui ne se présente que quand il s'agit de langue basque. Elle était condamnée *à priori;* mais il fallait en prouver l'erreur. Nous espérons que notre étude le fera. Mais encore, sans admettre de racine pour le verbe, M. l'abbé aurait pu voir que son système fait fausse route, en l'appliquant, non pas seulement à une ou à deux flexions avec la 3me pers. au datif (à lui), mais à quelques autres, par exemple à „il me à toi". Selon le système de M. l'abbé, si nous l'avons bien compris, on se dira: „il le à toi" se rend pas *deik, dein, deizu;* en changeant le *d* en *n* (pour *ni*, moi), nous aurons *neik, nein, neizu*, il me à toi. Ou encore: „ils le à moi" se dit en souletin *ditaye, ditane, ditazie*, et ainsi en changeant le *d* en *h* nous aurons *hitaye, hitane, hitazie*, „ils t'ont à moi". Il est inutile de faire remarquer que ces formes sont impossibles. La flexion „ils t'ont à moi" s'est retrouvée dans le N. Testament, traduit par Liçarrague; elle est *araute*. Cette flexion comme nous le verrons à l'instant, est parfaitement régulière quand on connaît l'origine du verbe.

On voit ici le danger de combler des lacunes sans connaître les formes primitives, et celui qui aurait cédé à la tentation nous aurait gratifié d'un immense nombre de flexions parfaitement imaginaires.

Zavala, en parlant de ces mêmes flexions, va plus loin que Larramendi; il dit qu'anciennement elles étaient en usage et qu'il connaissait des personnes qui les avaient entendu employer (Verbo vizcaino, p. 8, § 5, n°. 23, 24). Comme exemple il cite: *ak orerioai saldu natse*, „il m'a vendu aux ennemis". Aujourd'hui on dirait: *ak arerioai saldu nau*. Zavala obtient cette flexion de la manière suivante: *nau* signifie il m'a; or comme *tse* indique „à eux", dans les flexions avec la 3me pers. comme datif, (comme *deutse*, „il le à eux") *nau* devient *nautse*, que Zavala écrit, nous ignorons pourquoi *natse*. — On voit que ce système n'est qu'une fabrication pure et simple, sans aucun souci de l'étymologie.

Quelle qu'ait été la forme de ces flexions en biscaïen, il n'y a aucune raison pour douter qu'elles aient pu exister jadis, puisqu'on on en trouve des exemples ailleurs, dans le N. Testament de Liçarrague. Si nous ne nous trompons, c'est le Pce Bonaparte qui le premier, les a signalées [1]; voir Revue de linguistique, vol. V, p. 193. En voici deux: *halacotz ni hiri liuratu naraunac bekatu handiagoa dic.* Jean XIX, II. C'est pourquoi celui qui m'a livré à toi est coupable d'un plus grand péché. *Eure nationeac eta sacrificadore principalec liuratu araute.* Jean XVIII, 35. Ta nation et les principaux sacrificateurs t'ont livré à moi. — *Naraunac*, dépouillé du *c*, nominatif

[1] L'abbé Inchauspe se trompe donc quand il dit qu'aucun dialecte ne possède ces flexions.

agent; de l'*n*, relatif „que" ; de l'*a* démonstatif, il reste *narau*. Ainsi *narau* „il m'a à toi" ; et *araute*, „ils t'ont à moi". Notre explication sera plus claire, quand on aura lu notre étude en entier, qui prouvera que *eroan* est le verbe d'où dérive l'auxiliaire. *Narau* „il m'a à toi" est formé comme *daroan* (de *eroan*) „il l'a à toi"; *n* initial (pour *ni*, moi) au lieu de *d* „le". *Araute*, „ils t'ont à moi" (pour *haraute*) est formé comme *daroade*, en bn. *draudate* „ils l'ont à moi". Le *d* initial est changé en *h* (supprimé ici), pour *hi*, „tu". — Remarquons en passant que le bn. est plus correct ou moins contracté que le bisc. *Daroat*, b. et *draut*, bn. font au plur. *daroade* et *draudate*. Le bisc. a élidé le *t* et n'a ajouté que le *e*, ce qui est très-fréquent dans ce dialecte; le bn. a ajouté *te*, et changé la finale *t* en *d* et a intercalé *a* afin de pouvoir prononcer *dte*. Les deux flexions ci-dessus mentionnées prouvent la justesse de notre théorie, qui nous permet d'expliquer, sans tâtonnement cette forme inusitée.

L'appréhension que nous avons toujours exprimée, même longtemps avant d'avoir analysé le verbe, d'accepter comme correctes toutes les flexions qu'on nous donne, n'était donc pas sans fondement, quand on voit la façon dont on aurait rempli des lacunes si c'eût été nécessaire.

Pour ce qui regarde le dialecte guip. il est probable qu'il s'y trouve des fautes, dues aux connaissances superficielles de Lardizabal. Comme *k* est la caractéristique (primitive ou secondaire, peu importe ici) du masculin, Lardizabal donne pour „je t'ai", *aukat*, „il t'a", *auka*, „nous t'avons", *aukagu*, „ils t'ont", *aukate*. Aucun autre dialecte ne possède ici le *k*; *aut*, bisc., *hut*, lab., *hait*, soul. *Au*, *hu*, *hai*; *augu*, *hugu*, *haigu*; etc. Lardizabal paraît avoir corrigé ces formes en y introduisant le *k*, qu'il pensait devoir y être, puisque *k* est la caractéristique de la 2me pers. du sing. masc. Mais il n'a pas vu que *aut* est pour *haut*, et que par conséquent il était superflu d'indiquer la 2me personne par *k*, puisque le *h* remplissait déjà cette fonction. Cette façon toute machinale de former ou de corriger les flexions a ses inconvénients. — Larramendi cite dans le „Arte” *esaten cioat*, je le lui dis Lardizabal, dans les tableaux, écrit *ciokat*. Pour l'indicatif présent il écrit *dikat* où les autres dialectes ont *diat*. Ici il se peut qu'il ait raison, le *k* peut y avoir été, mais on se demande si cette forme était en usage, ce qui est peu probable; V. p. 11.

CHAPITRE III.

LE VERBE FRÉQUENTATIF BISCAÏEN *eroan*.

§ 1.

Le présent de l'indicatif de eroan, *ou* eruan *comparé au présent de l'indicatif de l'auxiliaire.*

C'est du verbe fréquentatif *eroan*, que dérive, sous une forme légèrement modifiée, l'auxiliaire qui correspond à „avoir”. *Eroan* signifie proprement „emmener”; mais ce verbe est employé en biscaïen comme fréquentatif, et *jaten daroat* signifie alors „je mange habituellement”; et *jaten daut* „je mange”. *Daut* est la forme contractée de *daroat*, qui aurait pu s'écrire également bien *daruat*, le nom verbal étant *eruan* ou *eroan*.

Nous passerons en revue chaque personne, dans ses divers traitements (resp. masc. et fém.), de chaque temps et de chaque mode, espérant prouver ainsi clairement que le verbe auxiliaire n'a plus rien de mystérieux, si ce n'est quelques lettres qui sont autant une énigme pour les autres verbes que pour le verbe auxiliaire.

INDICATIF.

Présent.

resp.	masc.	fém.
Daroat	*Yaroaat*	*Yaroanat*
Daroazu	*Daroak*	*Daroan*
Daroa	*Yaroak*	*Yaroan*
Daroagu	*Yaroaagu*	*Yaroanagu*
Daroazue	*(Daroazue)*	*(Daroazue)*
Daroe	*Yaro'ek*	*Yaroan*

En comparant ces divers traitements, la première chose qui frappe, c'est la présence de *y* initial au lieu de *d.* Nous avons parlé ailleurs de la tendance du *j* à s'allier au *d*, p. ex. *deitzi* = *jetzi*, de *jachi.* Nous retrouvons dans ces flexions la même mutation. Le *y* est ici pour un *d* mouillé. Le mouillement de l'initiale est un des traits distinctifs de la conjugaison familière.

Ensuite il faut remarquer que la deuxième personne n'a pas de forme particulière, dans aucun temps, ce qui est tout naturel; elle correspond à „tu", et par cela même pouvait être classée dans le traitement familier; mais au fond et primitivement, comme sa forme l'indique, elle a dû appartenir à l'autre traitement. La conjugaison devrait être: *daroat, daroak, daroa, daroagu, daroazu, daroate*; de *d-aroa-t*, je-ai-le, *d-aroa-k*, tu-as-le, *d-aroa*, etc. Quand le pluriel *daroazu* est devenu un singulier honorifique, *daroak* a dû faire place, et *daroazute* a été fait, pour indiquer la 2me personne du plur., de *daroazu* + *te.* Ce *te* servait déjà pour indiquer le pluriel de la 3me personne; *daroa* fait *daroate*, par syncope *daroe.*

Le *t* caractéristique de la première personne ne s'explique pas pour le moment. Le *k* caractéristique de la deuxième personne, *d-aroa-k*, nous semble être un *h* converti en *k*, puisqu'il ne pouvait se maintenir comme *h*, à la fin de la flexion. Au milieu de la flexion, comme dans les 1res personnes *yaroaat*, *yaroaagu* le *h* est tombé, ce qui est cause de l'hiatus; *yaroaat* est pour *yaroahat*. On ne voit pas bien, si le *k* eût été primitif, pourquoi il serait tombé dans *yaroaat*. Si *yaroakat* eût choqué l'oreille, ayant le *k* au milieu de la flexion, nous ne trouverions pas le *k* dans toutes les flexions avec la 3me pers. au datif: *daroakot* „je le lui ai", formé de *d-aroa-ko-t*. Ce *ko* devient *yo* et même *o* selon les lois phonétiques, mais n'a pas paru choquer ici. Le *h* caractéristique, de la deuxième personne se durcit donc comme finale, et tombe quand il se trouve au milieu de la flexion. C'est pour cette raison que Liçarrague écrit (Matt. XXII : 12) *Nola huna sarthu aiz ezley arropa eztuala?* Comment es tu entré ici sans que tu aies robe de noce? *Eztuala* est ici pour *ez-duk-la*; *ez* négation; *duk*, tu as; *la*, conjonction. Le *h* ne venant pas à la fin de la flexion, ne s'est pas durci en *k*, mais il a été élidé; *duhala* est devenu *duala* ou puisque *ez* précède: *eztuala*. Ce sera la même raison qui fait écrire *dozak* et *yozak*, bisc. „tu les as" et „il les a"; formés de *dok* et *yok*, tu l'as, il l'a. Le signe de pluralité *az* est généralement suffixé, et aurait donné *dokaz*, *yokaz*; le *h*, qui est ici un *k*, aurait dû tomber; mais on a voulu le conserver et le *h* placé à la fin est devenu *k*. Nous disons page 22, par erreur que le *k* paraît ne pas être toléré au milieu.

Tout ceci vient a l'appui de ce que nous avons dit de la mutation de *h* en *k* dans notre dictionnaire, p. VIII. Nous ne prétendons pas qu'il est impossible que le *k* soit primitif; le *k* a précédé selon toute apparence, le *h*, du moins dans les langues aryennes. Mais dans l'état où nous connaissons le basque le *k* provient de *h*, ce que nous croyons avoir prouvé incontestablement; cette mutation remonte jusqu'au onzième siècle; la ville de Petriquiz se nommait alors Betrihiz; v. Remarques sur les noms de lieu du pays Basque par M. Luchaire. L'hypothèse de la mutation d'un *k* primitif en *h*, est au fond en dehors d'une discussion philologique, puisqu'elle ne s'appuie sur aucun fait.

La 3me pers. du plur. se forme dans tous les dialectes en suffixant *de* ou *te* ou simplement *e* à la 3me pers. du sing. Nous verrons tantôt *you* 3. pers. sing., devenir *yone* ou *yoen* au pluriel. Ici *yaroak* est devenu *yaro'ek*, probablement pour *yarotek*, le *t* étant remplacé chez Zavala par une apostrophe.

Après ces remarques générales sur le présent du fréquentatif nous allons donner le présent de l'auxiliaire qui en dérive. Nous discuterons chaque traitement, d'abord séparément, mais dans les dialectes principaux. Nous avons déjà fait remarquer ailleurs (dict. p. XXV), que le *r*, en biscaïen surtout, se perd souvent; ceci est donc un point indiscutable. Dans le verbe auxiliaire nous en trouvons une nouvelle preuve; le dial. lab. a conservé dans quelques rares flexions la forme à peu près primitive et la forme usée, contractée, p. ex. *daroku* ou *dauku*, „il à nous"; *laroket* ou *lauket* „il à moi". Dans le 17me siècle, le soul. avait encore le *r* qu'il a perdu de nos jours. La première personne *daroat* en perdant le *r* est devenu *daoat*, que nous écrivons *daut*, (comme *lauket* = *laroket*) ou bien *dot* qui représente à peu près le même son sous une autre forme. Selon Zavala il faudrait écrire *daut*; v. Verbo vizc. p. 6. Ce *daut* biscaïen est *det* en guip. et *dut* en lab. bn. et soul. Et ainsi *daroazu* est devenu, comme auxiliaire, *dauzu*, ou *dozu*, bisc. *duzu*, l. bn. et soul.; et *dezu*, guip.

VERBE PRIMITIF. Fréquentatif.	VERBES DÉRIVÉS. Auxiliaire.		
biscaïen.	bisc.	lab. nav. bn. soul.	guip.
Daroat.	*Daut* ou *dot.*	*Dut.*	*Det.*
Daroazu.	*Dauzu* ou *dozu.*	*Duzu.*	*Dezu.*
Daroa.	*Dau.*	*Du.*	*Du.*
Daroagu.	*Daugu* ou *dogu.*	*Dugu.*	*Degu.*
Daroazue.	*Dauzue* ou *dozue.*	*Duzue.*	*Dezute.*
Daroe.	*Daue.*	*Dute* (*die* soul.)	*Dute.*

§ 2.

Le „traitement familier" du présent.

Les flexions du traitement familier s'expliquent tout aussi bien. *Yaroaat* est devenu *yoat* et *yaroanat*, *yonat*. Le *y* qui représente le *d* mouillé (v. ci-dessus p. 10) se retrouve comme *di* (avec la voyelle suivante se prononce mouillé) en lab. bn. et soul., et le *o* de *yoat* s'est perdu. *Yoat* et *yonat*, bisc. correspondent à *diat*, *diñat*, [1]) lab. bn. et soul.; *yok*, *yon*, bisc. à *dik*, *din*, lab. bn. soul. Ici on voit l'influence de l'orthographe sur la prononciation, (influence que nous avons déjà relevée plusieurs fois); le signe graphique du mouillement (*i*) a été pris pour la voyelle radicale et cette voyelle a disparu. Comme *di* est pour *y*, *dik* serait pour *yk*, ce qui ne peut se prononcer. En bisc. l'orthographe a sauvé l'étymologie, le *o* est resté: *yok*.

TRAITEMENT FAMILIER.

Fréquentatif.	Auxiliaire.		
bisc.	bisc.	lab. bn. soul.	guip.
Yaroaat, *yaroanat*.	*Yoat*, *yonat*.	*Diat*, *dinat*.	*Dikat*, *diñat*.
Daroak, *daroan*.	*Dok*, *don*.	*Duk*, *dun*.	*Dek*, *den*.
Yaroak, *yaroan*.	*Yok*, *yon*.	*Dik*, *din*.	*Dik*, *din*.
Yaroaagu, *yaronagu*.	*Yoagu*, *yonagu*.	*Diagu*, *dinagu*.	*Dikagu*, *dinagu*.
(*Daroazue*)	(*Dozue*).	(*Duzue*)	(*Dezute*).
Yaro'ek, *yaroen*.	*Yo'ek*, *yone*, *yoen*.	*Dick*, *dine*.	*Ditek*, *diten*.

---

1) Le bn. dit *dinat*; le soul. *diñat*. *Diñat* nous paraît une erreur de prononciation causée par l'orthographe; *in* représentait autrefois en français le son esp. ñ; or ici, le mot n'est pas *d-iñat*, mais *di-nat*; le *i* appartient au *d* et le mouille. Comme la lettre qui suit le *i* n'est pas une voyelle, mais une consonne, le mouillement ne pouvait plus se prononcer, et aura glissé sur le *n* suivant, d'autant plus que le groupe *in* exprime graphiquement le son mouillé de l'*n*.

La 3me pers. du plur. est assez altérée. *Yaro'ek* (apostrophe pour *t*) par la chute de *r* est devenu *yo'ek*. Comme *y* est égal à *di* et que le *o* a disparu en lab. bn. et soul., *yo'ek* a donné *diek*, et *yone*, *dine*. M. Inchauspe écrit *die* pour *diek*. Nous ignorons si cette forme est généralement en usage de nos jours; mais Chaho donne *diek*, ce qui est évidemment plus correct. Le *t* se retrouve dans le guip. *ditek*. Comme la 3me pers. du plur. se forme en ajoutant *te* au singulier, *dik* fait *dikte*, par hyperthèse *ditek*.

Nous plaçons les 2mes pers. du plur. entre parenthèses pour indiquer qu'elles n'appartiennent pas exclusivement à ce traitement.

---

§ 3.

L'imparfait de eroan *et de l'auxiliaire.*

Comme pour le présent, nous donnerons d'abord la forme primitive, celle du fréquentatif.

IMPARFAIT.

resp.	masc.	fém.
Neroian.	*Nayeroaan.*	*Nayeroanan.*
Zeroian.	*Eroaan.*	*Eroanan.*
Eroian.	*Yeroaan.*	*Yeroaan.*
Geroian.	*Gayeroaan.*	*Gayeroanan.*
Zeroï'en.	*(Zeroï'en).*	*(Zeroï'en).*
Eroï'en.	*Yero'een.*	*Yeroanen.*

Nous trouverons ici les mêmes modifications que pour le présent: chute de *r*, *ua* pour *oa*, c'est à dire: le *u* primitif de *eruan* qui reparaît, et de plus mutation de *u* en *b*. Le *i* de *neroian* ne se trouve pas chez Larramendi. Il nous semble que Zavala a tort d'introduire cet *i* dans l'imparfait, où il ne peut se justifier; aucun verbe régulier n'intercale le *i* dans l'imparfait; *erabilli* fait *nerabillen* et non *neraibillen*. Zavala aura peut-être introduit *i* de son chef, afin de distinguer *neroan* „il m'a" de *neroan* (qu'il écrit *neroian*) „je l'ai". Le *i* ne se trouve pas dans le conditionnel, qui est formé de l'imparfait.

Neroan ou *neruan*, comme on aurait pu écrire, en perdant le *r*, est devenu *neoan* ou *neuan*, et le *u* s'étant durci en *b*, *neuan* est devenu *neban*, ce qui est la 1re pers. du sing. de l'imparf. de l'auxiliaire bisc. Nous donnons, pour plus de clarté, le tableau de ces mutations. Pour la 2me pers. sing. v. p. 25.

Fréquentatif.					Auxiliaire.
Neroan	(ou *neruan*)	puis	*neuan*	puis	*neban*.
Zeroan	(„ *zeruan*)	„	*zeuan*	„	*zenduan*.
Eroan	(„ *eruan*)	„	*euan*	„	*euan* ou *eban*.
Geroan	(„ *geruan*)	„	*geuan*	„	*genduan*.
Zeroen	(„ *zeruen*)	„	*zeuen*	„	*zenduen*.
Eroen	(„ *eruen*)	„	*euen*	„	*ebeen*.

La seule difficulté ici, c'est de rendre compte de la présence de *nd*, dans les 1re et 2me pers. du pluriel. Ce groupe *nd* se réduit, comme l'on voit ci-dessous, à un seul *n* dans les dial. lab. et soul. Le *z* initial de la 3me pres. est un mystère.

bisc.	guip.	lab. et bn.	soul.
Neban.	*Nuen.*	*Nuen.*	*Nian.*
Zenduan.	*Zenduen.*	*Zinuen.*	*Zunian.*
Euan, *eban.*	*Zuen*	*Zuen.*	*Zian.*
Genduan.	*Genduen.*	*Ginuen.*	*Gunian.*
Zenduen.	*Zenduten.*	*Zinuten.*	*Zunien.*
Ebeen.	*Zuten.*	*Zuten.*	*Zien.*

Il y a au fond trois variétés pour l'imparfait; voir Zavala, Verbo vizcaino, p. 77. Au lieu de *neban* on peut dire *nendun* ou *nenduan*; on voit que le groupe *nd* se trouve ici. Voici ces variétés:

Nenduan ou *Nendun* ou *Neban.*
Zenduan ou *Zendun* . . . .
. . . . . *Euan, eban.*
Genduan ou *Gendun* . . . .
Zenduen ou *Zendu'n* [1])
. . . . *Euen, euden, ebeen.*

Par hasard le verbe *eroan* finit par un *n*, et ainsi la terminaison de l'imparfait se confond avec le *n* du nom verbal, car une des caractéristiques de l'imparfait c'est de se terminer par un *n*; *ikusi* „voir" fait *nekusan* „je voyais". Cet *n* a été considéré par le Pce Bonaparte, comme une lettre adventice. Dans une brochure, qui se trouve au „British Museum" (Le formulaire du prône en langue basque, conservé naguère dans l'église d'Arbonne), le Pce B. s'exprime ainsi: „L'imparfait de „l'indicatif qui se termine toujours par *n*, dans tous les dia- „lectes basques, en général, ne se termine jamais ainsi en „aezcoan, si le verbe n'est pas sous la forme exquisitive. . . . „C'est grâce à ce sous-dialecte, qu'il nous a été possible de „remonter à la forme originale de l'imparfait de l'indicatif basque.

„Le *n* final en effet n'a pas sa raison d'être dans ce temps. „Quant au mode subjonctif, l'aezcoan le termine en *n*. . . C'est „bien pour cela que *dezan* et *dezala* „qu'il l'ait" ne se ren- „contrent jamais autrement que sous ces deux formes, tandis „que *zue* et *ze*, se transforment en *zuela* et *zela*. . ."

M. Vinson partage l'opinion du Pce Bonaparte (voir Revue de linguistique, V. p. 215 et VI p. 251). Non seulement le *n* de l'imparfait, mais aussi le *n* final du subjonctif serait ad-

[1]) L'apostrophe est pour *te* ou *t*: *zenduten*, bien que Zavala dise lui-même (Verbo vizc. p. 56 nº. 145), qu'il écrit l'apostrophe pour un *e* élidé; mais tous les dialectes sont là pour prouver qu'il y a un *t* d'élidé. Ici *te* est élidé, et le *e* dont Z. parle est primitivement, *te* changé en *e* en bisc. et souvent en *y* en soul.

ventice, et même le *e* [1]) qui précède le *n* dans l'imparfait est considéré comme adventice. Plus d'une fois nous avons fait remarquer que ces lettres adventices et euphoniques n'expliquent rien. Dans un mot comme *zen* „il était" le *n* et le *e* seraient adventices! — Le *n* paraît avoir gêné l'explication d'une forme soi-disant originale d'aezcoan, et le terme de „adventice" est venu expliquer tout, la présence de la voyelle dans une forme, la chute de la voyelle dans l'autre. Pour le moment nous ne pouvons pas dire positivement d'où vient le *n* final dans l'imparfait du verbe transitif; mais il y a de bonnes raisons pour ne pas considérer le *n* comme une lettre adventice. Pour ce qui regarde le *n* de l'imparfait du verbe *izan,* voir le chapitre sur le verbe *izan.*

La seconde conclusion à laquelle arrive le P^ce^ B. (la forme originale de l'imparfait) est le corollaire de la première. Si la première (que le *n* est adventice) n'est pas fondée, celle-ci ne l'est pas non plus.

La troisième conclusion, que le *n* final du subjonctif est adventice, nous paraît être une erreur; le *n* est la conjonction „que". Voir le chapitre sur le subjonctif.

L'argument que *zuen* et *zen* deviennent *zuela* et *zela* et non pas *zuenla* et *zenla,* ne prouve pas que la forme originale fût sans *n*: *zue* et *ze.* *Zuenla* et *zenla* doivent faire *zuela* et *zela,* parce que, comme nous l'avons dit dans notre Essai publié en 1867 Ch. II., le *n* s'élide devant *l.* Cette règle n'est jamais violée, autant que nous sachions, et quand même elle le serait, ce ne serait qu'une exception.

Nous voyons ici se confirmer notre appréhension, exprimée dans notre dictionnaire (p. XXII), par rapport à la grande importance attribuée à des minuties, qui empêchent de voir les grandes lignes. Une petite localité comme Aezcoa pré-

[1]) Nous ignorons si c'est seulement l'opinion de M. Vinson ou aussi celle du P^ce^ Bonaparte.

sente une forme verbale, en opposition avec tous les dialectes et sous-dialectes, sans exception aucune, et puisqu'on est embarassé de donner une explication du verbe, cette forme corrompue est proclamée la forme originale, et tous les autres dialectes ont tort. Nous avons vu la théorie, les conclusions qui en dérivent et les arguments qui devraient la soutenir; tout s'écroule. — La préoccupation d'expliquer le verbe a fait commettre cette erreur, sans doute; mais l'explication du verbe n'avait rien à faire avec des formes comme *zuela*, etc., qui n'ont jamais pu conserver le *n*; cela se lit dans notre grammaire publiée il y a huit ans. Une fois engagé dans cette voie là, le terme de „adventice" balaye toutes les lettres qui gênent; la conjonction *n* „que", du subjonctif devient aussi adventice.

§ 4.

Le traitement familier de l'imparfait.

Le trait distinctif des flexions familières se trouve en partie dans le mouillement du *d* qui est devenu *y* en biscaïen et *di* dans les autres dialectes.

Nous croyons reconnaître la même modification dans l'imparfait. La 1re pers. en bisc. est *nenduan*, resp. et *nayenduan*, fam. En prononçant le *n* de *nenduan* comme *ñ*, c'est à dire mouillé, nous arrivons à *nyenduan* ou *nayenduan*. Le souletin a *nián*, avec l'accent sur le *a*, ce qui rend nécessairement le *ni* mouillé; le traitement indéfini a l'accent sur *i*, *nían*; v. le verbe basque de M. Inchauspe. La 2me pers. est *zenduan*, resp. et *enduan* ou *ev'en*, fam. masc. *Enduan* est ici évidemment pour *henduan*, et *ev'en* ou *euen* pour *heuen*, qui est en lab. *huen*; le *h* étant pour *hi*, comme le *z* pour *zu*. En soul. nous trouvons *hian*, masc. et fém.

Comme la 2me pers. resp. est *zunian*, on se serait attendu à *hunian*, au lieu de *hian*, comme *zenduan* et *enduan* (pour

henduan) qui correspondent en bisc. Cette 2me pers. pouvait se passer de mouillement, qu'elle soit *hian* ou *enduan*, puisqu'elle est la vraie forme primitive pour la seconde personne du singulier comme dans tout autre langue.

Nous voyons la même chose dans le présent, que ce soit du fréquentatif ou de l'auxiliaire; p. ex: *daroak* (fréq.), *dok* (auxil.), avec ***d*** et non *y*.

Le 3me pers. est *euan* ou *eban*, resp. et *yoan* et *yonan* fam. bisc.; *zikan* et *ziñan*, guip.; *zian*, *ziñan*, soul.

Le *y* se retrouve dans la forme primitive du fréquentatif: *yeroaan*, devenu *yoan* par suite de la chute de *r*.

La 1re pers. du plur. est *genduan*, resp. et *gayenduan*, masc. et *gayendunan*, fém. fam. Nous croyons voir ici, comme dans la 1re pers. du sing. le mouillement du *g*: *gyenduan* puis *gayenduan*. En soul. *ginián*, *gininian*.

IMPARFAIT DE L'AUXILIAIRE.

TRAITEMENT FAMILIER.

bisc.		guip.		bn. (Salaberry)		Lab.	Soul.	
Nayenduan,	*nayendunan.*	*Nikan,*	*niñan*	*Nikan*	*ninan.*	.....	*Nian,*	*ninian.*
Enduan, cv'en,	*endunan.*	*Ukan,*	*unan*	*Huen,*	*huen.*	*Huen*	*Hian,*	*hian.*
Yoan,	*yonan.*	*Zikan,*	*ziñan*	*Zikan*	*zinan.*	.....	*Zian,*	*ziñan.*
Gayenduan	*gayendunan*	*Ginikan,*	*giniñan*	*Gindikan,*	*gindinan.*	.....	*Ginian,*	*giniñian.*
Zenduen	*zenduen*	*Zenduten,*	*zenduten*	*Zinduten,*	*zinduten.*	.....	*Zunian,*	*zunian.*
Yo'en	*yonen*	*Zikaten,* / *Zitekan*	*zinaten* / *zitenan*	*Zitean*	*zitenan.*	.....	*Zieyan,*	*zieñan.*

Pour le moment nous n'avons trouvé pour le labourdin que la 2me pers. *huen*. Cette lacune, regrettable sans doute, ne rompt pas l'ensemble de notre démonstration, et les quatre variétés de dialecte que nous donnons, suffisent croyons nous, pour démontrer l'exactitude de notre théorie. Nous retrouvons le *k* en guip. et en bn. Il faut donc croire qu'il s'est perdu en bisc. et soul. *Nayenduan* est donc pour *nayendukan*; v. page 10. La 3me pers. du plur. *zikaten* est en guip. par métathèse, *zitekan* et a perdu en bn. le *k*: *zitean*.

§ 5.

Comment on exprime l'accusatif pluriel „les".

Toutes les flexions que nous avons citées jusqu'à présent ont inhérent l'accusatif singulier „le". Pour exprimer le pluriel „les" on s'y est pris de différentes manières. La façon la plus générale est d'intercaler [1]) *it* pour les terminaisons absolues; c'est celle là qu'ont adoptée les dialectes guip. lab. bn. et aussi le bisc., quoique celui là exprime plutôt le pluriel par *az* ou *z*. Le soul. intercale *ut*. Ainsi *det*, ou *dut* „je l'ai", devient *ditut*, g. l. bn., *dutut* soul. et *dodaz* de *dot*, bisc. en changeant, comme toujours *t* en *d*. Zavala donne même *ditudaz* (*ditut* + *az*), ce qui nous semble une tautologie. Dans les terminaisons relatives on intercale *za* en bisc., *zki* en guip., *iz* en lab.; p. ex. *dakot* fait *daizkot*; souvent le *u* devient *i*, *dautzut* fait *daitzut*. Il va sans dire que la forme primitive se perd de plus en plus et que pour comparer ces flexions entr'elles, il faut remonter à cette forme primitive. Si l'on voulait comparer par exemple *naizten*, lab. „je les leur avais", avec *neroakoezan*, bisc. on découvrirait difficilement une origine commune à ces deux flexions. Mais

[1]) Nous continuerons à employer ce terme „intercaler", bien qu'il se pourrait qu'il ne fut pas exact: mais aussi longtemps que le groupe *it* sera une énigme, tout autant vaut employer ce terme que tout autre.

si l'on compare d'abord les flexions avec l'accusatif sing. inhérent: *neroakon,* bisc. = *na okan,* nav. = *nakon* lab. (chute de *r*) qui a perdu aussi le *k* dans *nion,* il saute aux yeux que nous avons à faire à des variétés de dialectes, dérivées de la même forme primitive. Comme en lab. le pluriel de l'accusatif est indiqué par *zt* ou *tz, nion* (qui est égal à *neroakon*) devient *niotzan* „je les lui avais" et *naien* „je le leur avais" devient *naizten* „je les leur avais". Ce n'est que maintenant que nous voyons que *neroakoezan* et *naizten* ont la même origine.

La forme du verbe avec le régime indirect (datif) au pluriel dénote, croyons nous, qu'elle s'est développée assez tard; ce n'est pas une forme primitive dégénérée, c'est une forme secondaire. Ainsi nous remontons parfaitement à l'origine du guip. *diot* „je le lui ai", en passant par toutes les formes intermédiaires, qui nous sont encore conservées; *diot,* g. = *deyot,* s. = *deriot,* soul. anc. = *dakot,* lab. (où le *k* reparaît et le *r* disparaît) = *darokat,* nav. = le primitif *daroakot.* Pour exprimer „je les lui ai" au lieu de „je le lui ai", le dialecte bisc. ajoute *z,* et *daroakat* devient *daroakodaz*; c. a. d. le *t* final se change en *d* et la voyelle de liaison *a* est introduite pour pouvoir prononcer *dz.*

Ce *daroakodaz* ne peut avoir donné le lab. *diotzat* ou le guip. *diozkat;* chaque dialecte a donc exprimé le pluriel du régime à sa façon, en modifiant la conjugaison qu'il possédait déjà; et comme le dialecte guip. intercale *zk, diot* est devenu *diozkt,* avec *a* de liaison: *diozkat* ou par hyperthèse *daizkot.*

Les formes plurielles dont nous parlons ici, n'ont qu'un intérêt secondaire; elles sont formées du singulier et ne peuvent rien nous apprendre sur la nature même du verbe. Mais elles offriront toujours quelques détails intéressants.

PRÉSENT DE L'INDICATIF.

Avec accusatif de la 3me personne.

Traitement resp.

Dodaz	ou	*ditut*	ou	*dituda*z
Dozuz	»	*dituzu*	»	*dituzuz*
. . . .	»	*ditu*	»	*dituz*
Doguz	»	*ditugu*	»	*dituguz*
Dozuez	»	*dituzue*	»	*dituzuez*
Daveez / *Daudeez*	»	*ditue*	»	*dituez*

Traitement fam. (masc.)					Traitement fam. (fém.)				
Yoadaz	ou	*yituat*	ou	*yituadaz*	*Yonadaz*	ou	*yitunat*	ou	*yitunadaz*
Dozak	»	*dituk*	»	*diiuzak*	*Dozan*	»	*ditun*	»	*dituzan*
Yozak	»	*yituc*	»	*yituzak*	*Yozan*	»	*yitun*	»	*yituzan*
Yoaguz	»	*yituagu*	»	*yituaguz*	*Yonaguz*	»	*yitunagu*	»	*yitunaguz*
(*Dozuez*)	»	(*dituzue*)	»	(*dituzuez*)	(*Dozuez*)	»	(*dituzue*)	»	(*dituzuez*)
Yoezak	»	*yituek*	»	*yituezak*	*Yoezan*	»	*yituen*	»	*yituezan*

Le traitement familier *yoadaz* (aux.) etc peut dériver également bien de *yoat* auxil. que de *yaroaadaz* (fréq.) Il faut encore remarquer que les 2me et 3me pers., soit de l'aux. soit du fréq., ne paraissent pas supporter le *k* dans le corps du mot. *Dok*, „tu l'as" ferait régulièrement *dokaz* „tu les as", en suffixant comme nous l'avons dit *az*, et comme *dot* fait *dodaz*; mais *dok* et *yok* ne font pas *dokaz* ni *yokaz*, mais *dozak* et *yozak*.

La variété biscaïenne *yituat* explique le soul. et bn. *ditiat*, etc. Un coup d'oeil suffira pour faire voir l'analogie et souvent l'identité de forme dans les dialectes différents. Le traitement familier du dialecte guip., que nous ne connaissons que par Lardizabal, s'est le plus éloigné de celui des autres dialectes; il sera bon de ne pas trop se fier à ces formes, avant d'avoir acquis la certitude, sur les lieux mêmes, que le peuple s'en sert. On ne peut se défendre d'y trouver une régularité méticuleuse, qui ne se rencontre guère (jamais?) dans d'autres langues, et à laquelle on s'attend bien moins dans la langue basque qui n'a jamais été fixée par l'écriture. — Nous donnerons le traitement familier des différents dialectes, en choisissant la variété biscaïenne qui a le plus d'analogie avec les autres dialectes.

bisc.	soul.	bn.	guip.
Yituat	*Ditiat*	*Ditiat*	*Zetikat*
Dituk	*Dutuk*	*Dituk*	*Dituk*
Yitue	*Ditik*	*Ditik*	*Zetik*
Yituagu	*Ditiagu*	*Ditiagu*	*Zetikagu*
(*Dituzue*)	(*Dutuzie*)	(*Dituzue*)	(*Dituzute*)
Yituek	*Ditizie*	*Ditizie*	*Zetitek*

On voit clairement que ces variétés de dialecte ont une même origine. Le *z* initial du guip. pour *y* ou *di* est assez extraordinaire, mais ce n'est pas un cas isolé; plus souvent le *y* bisc. est rendu par *z* guip. Ailleurs Lardizabal rend ce son mouillé par *ch*; *gachetik* „tu nous l'as" (masc.). Le *k* se retrouve régulièrement dans toutes les personnes. V. p. 10.

Nous voici arrivé au bout de notre exposition de l'indicatif dans toutes ses variétés dialectiques. Nous ne nous arrêtons pas, aux variétés des sous-dialectes; celles-là n'ont qu'une valeur secondaire; elles ont leur importance, sans doute, mais elles n'influencent en rien ce que nous voulons prouver ici, c'est à dire: l'analogie de l'auxiliaire dans les différents dialectes et leur origine commune, le verbe biscaïen *eroan*.

Nous n'avons laissé aucune lacune dans la série des preuves à l'appui de notre théorie. Le présent du fréquentatif biscaïen a donné le présent de l'auxiliaire biscaïen, qui est évidemment le même dans tous les dialectes, sauf les variations que chacun d'eux y a introduites. Ce présent de l'indicatif avec l'accusatif singulier inhérent exprime, après une légère modification, à peu près identique dans tous les dialectes, l'accusatif pluriel. De même les formes familières, dans tous les dialectes ont la plus grande analogie entr'elles, sont souvent les mêmes, et convergent toutes vers un point commun.

§ 6.

Le Conditionnel.

Le présent et l'imparfait sont les deux temps principaux; le conditionnel est formé de l'imparfait. Comme la caractéristique du conditionnel est *ke*, le *n* de l'imparfait a dû disparaître; v. Essai, Ch. II. En bisc. cette règle d'euphonie a été parfois violée et *neuan* + *ke* a fait *neunke*, mais les autres dialectes ont *nuke*. Jusqu'à présent nous n'avons pu découvrir l'origine du groupe *ke*.

Le conditionnel du fréquentatif dérive évidemment de l'imparfait. *Neroan* donne *neroake*; *nayeroaan* donne *nayeroakek*; *nayeroanan* donne *nayeroaken*. — *Zeroan* donne *zeroake*, *eroan* donne *leroake*, et ainsi de suite. La lettre *l* de la 3me pers. est mystérieuse; elle remplace le *z* initial de l'imparfait, [1]) lettre également inexplicable.

L'auxiliaire, possédant le présent et l'imparfait, a formé ses temps de son propre fonds. Le conditionnel est formé de son imparfait, et non pas, comme on pourrait le croire, du conditionnel correspondant du fréquentatif. *Doroat*, „j'ai habituellement", est devenu *daut*, „j'ai"; mais *neroake*, „j'aurais habituellement", ne pouvait donner *neunke*. *Neunke* vient donc de l'imparfait *neban* qui pourrait s'écrire *nevan* puis *neuan*; et *neuan* + *ke* = *neunke* „j'aurais". Comme nous l'avons fait

---

[1]) Par exception la 3me pers. de l'imparf. est *eroan*, sans *z*; nous ne connaissons que quelques verbes qui offrent cette même particularité: *egin* qui fait *egian*, et aussi *zegian*; *entzun* qui fait *entzuan*; *ezagutu* qui fait *ezauan*.

remarquer le *n* est resté en biscaïen, contrairement aux lois phonétiques; dans la 3me pers. il se perd : *leuke.*

Avant de mettre en regard le conditionnel des différents dialectes, il faut nous arrêter un moment à un point assez curieux. Le pronom „il" comme sujet du verbe se fait toujours remarquer par son absence. La 1re pers. est indiquée par *t*; (*dut*); la 2me par *k*, (*duk*); la 3me n'a pas de caractéristique; *du* est *d-u*, „a le" pour: „il a le" ou „il l'a." Ceci est non seulement le cas en bisc. pour le présent, mais aussi pour l'imparfait; „il l'avait" est en bisc. *euan,* ou *eban.* Les autres dialectes ont choisi un *z*, lettre mystérieuse, comme caractéristique de la 3me pers. et disent *zuen,* g. l. bn. ou *zian,* soul.

L'absence régulière d'une caractéristique pour le pronom „il", et l'absence irrégulière (variété dialectique) de la caractéristique *h* pour le pronom „tu", causent un peu de confusion en biscaïen, en donnant presque la même forme aux deux personnes. Pour „tu avais" nous trouvons (Verbo vizc. p. 164 Zavala) *ev'en* ou *enduan.* Pour le moment nous ne nous occuperons pas de *enduan.* On voit que *ev'en* est bien près de *euan* „il l'avait". — Il est clair que *even* devrait s'écrire *heven* ou plutôt *heuen,* et correspond parfaitement à *uen,* g. *huen,* l. et *han,* soul.

Ce n'est pas seulement dans le verbe que le *h* a été supprimé dans la prononciation et par suite dans l'orthographe, mais c'est une particularité des dialectes basques espagnols, et surtout du biscaïen. En guip. on dit encore *hi* et *hik,* mais en bisc. *i* et *ik.*

En bisc. *eu* correspond souvent à *u* des autres dialectes: *geu* „nous" pour *gu*; *euli* = *uli,* etc. etc.

Le conditionnel est donc formé de l'imparfait, de cette troisième variété que nous avons donnée plus haut, p. 16. Cette variété ne possède pas toutes les personnes; la 1re et la 2me du pluriel font défaut; mais on peut facilement les reconstituer, et la comparaison avec l'imparfait de l'auxiliaire guip. en démontre l'exactitude. Pour ne pas les confondre nous les marquons d'une astérisque.

Auxiliaire. bisc.					Auxiliaire. guip.
Neban	ou	*nevan*	ou	*neuan*	*Nuen*
Eban	„	*evan*	„	*euan*	*Uen*
Eban	„	*evan*	„	*euan*	*Zuen*
* *Geban*	„	*gevan*	„	*geuan*	*Genduen*
* *Zeban*	„	*zevan*	„	*zeuan*	*Zenduten*
Eb'en	„	*euen*		*euen* ou *euden*	*Zuten*

Les conditionnels respectifs sont donc :

bisc.	guip.
Neunke	*Nuke*
Eunkek	*Uke*
Leuke	*Luke*
Geunke	*Genduke*
Zeunke	*Zenduke*
Leuke'e	*Lukete*

Les formes hypothétiques que nous avons données, ne le sont qu'en partie ; *geuan* est hypothétique pour l'imparfait, mais nous le retrouvons dans le conditionnel *geunke*, et ainsi ces formes s'expliquent réciproquement.

Le conditionnel, dans les dialectes basq. fr. dérive aussi de l'imparfait. Le souletin, dont l'imparfait s'est légèrement corrompu, reprend ici la forme primitive. Nous plaçerons l'imparfait guip. en regard ; il servira à tous les dialectes.

Imparfait.	Conditionnel.		
guip.	guip.	lab. et bn.	soul.
Nuen	*Nuke*	*nuke*	*nuke*
Zenduen	*Zenduke*	*zinduke*	*zunuke*
Zuen	*Luke*	*luke*	*luke*
Genduen	*Genduke*	*ginuke*	*gunuke*
Zenduten	*Zendukete*	*zindukete*	*zunukeye*
Zuten	*Lukete*	*lukete*	*lukeye*

La 2me pers. n'ayant pas de *d* dans l'imparfait en soul., le conditionnel n'en a pas non plus. *Zunian* a donné *zunuke*, comme *zenduen*, *zenduke*.

Il va sans dire que cette variété de l'imparfait que nous venons de compléter avec la 1re et la 2me pers., plur. afin d'indiquer les analogies, n'est pas nécessairement plus correcte ou plus primitive que les autres, parcequ'elle est régulière. Nous voyons par exemple dans le verbe espagnol une régularité fautive; c'est „sois", (vous) êtes. Si nous avions pour contrôler le basque une langue, comme le latin pour les langues romanes, la question serait bientôt décidée.

§ 7.

Traitement familier du conditionnel.

Comme le traitement respectueux est formé du traitement correspondant de l'imparfait, celui-ci est formé du traitement familier de l'imparfait.

En bisc. le *d* de *nayenduan* s'est perdu dans le condit. *nayeunkek;* et comme l'on voit le *k*, caractéristique du masculin, (que nous trouvons dans le soul. *nikan* imp. et *nikek*, cond.) a reparu. Sans cela les mêmes règles; le *n* final est tombé devant *ke*, excepté en biscaïen.

bisc.		guip.		soul.	
Nayeunkek	*nayeunken*	*Nikek*	*niken*	*Nikek*	*niken*
Eunkek	*eunken*	*Ukek*	*uken*	*Huke*	*huke*
Layeukek	*layeuken*	*Likek*	*liken*	*Likek*	*liken*
Gayeunkek	*gayeunken*	*Ginkek*	*ginken*	*Ginikek*	*giniken*
Zeunkee	*zeunkee*	*Zendukete*	*zendukete*	*Zunuke*	*zunuke*
Layeukeen,	*layeukeen*	*Liketek*	*liketen*	*Likeye*	*likeñe*

CHAPITRE IV.

§ 1.

Les terminaisons absolues.

Ce qu'on a appelé jusqu'à présent „terminaisons absolues" sont les flexions du verbe auxiliaire avec l'accusatif du pronom personnel inhérent. Comme *daroat* a donné *daut*, *naroazu* „vous m'avez habituellement", a donné *nauzu*.

Si l'auxiliaire avait formé ces flexions de son propre fonds, il n'y aurait pas eu tant de dissemblance, du moins dans quelques dialectes. Le dialecte bisc. a pu se dire, que comme *daut* est *d-au-t*, c'est à dire „je ai le", il n'y a qu'à changer *daut* en *nauzu*, *n-au-zu*, pour faire „vous avez moi". Ceci va bien pour le bisc. et aussi pour le lab. qui a pu faire *nuzu* sur le modèle *dut*; mais le guip. *nazu* n'est pas fait sur le modèle *det*, ni le soul. *naizu* sur *dut*. Ces flexions dérivent donc généralement du fréquentatif biscaïen et les variations d'orthographe s'expliquent alors parfaitement. Le souletin fait ici une exception et intercale un *i*, dont la provenance est obscure. Avant d'aller plus loin nous donnerons les tableaux.

Accusatif de la 1re pers. sing.

(tu me, il me, etc.)

INDICATIF PRÉSENT.

TRAITEMENT RESPECTUEUX.

Fréq.	Auxiliaire.				
bisc.	bisc.	lab. nav.	soul.	guip.	bn.
Naroazu	*Nozu*	*Nuzu*	*Naizu*	*Nazu*	*Nauzu*
Naroa	*Nau*	*Nu*	*Nai*	*Nau*	*Nau*
Naroazue	*Nozue*	*Nuzue*	*Naizie*	*Nazute*	*Nauzue*
Naro'e	*Naue, nade* *Naude.*	*Nute*	*Naye*	*Naute*	*Naute*

TRAITEMENT FAMILIER.

Fréq.					
bisc.	bisc.	lab. nav.	soul.	guip.	bn.
Naroak,-roan	*Nok, non*	*Nuk, nun*	*Naik nain*	*Nauk, naun*	*Nauk*
Nayaroak,-roan	*Nayok, nayon*	. . . . . .	*Nik, nin*	*Nachiok, nachion*	. . . .
(*Naroazue*)	(*Nozue*)	(*Nuzue*)	*Naizu*	*Nazute*	. . . .
Nayaro'ek,-ro'en	*Nayoek, nayoan*	*Nute ou naute*	*Nie, niñe*	*Nachiotek, nachioten*	. . . .

Pour le bn. nous n'avons trouvé jusqu'à présent que *nauk* et *nauäla.* — ... *hiruretan ukaturen nauc.* Marc, XIV. 72. Tu me renieras trois fois. — ... *hiruretan ukaturen nauäla.* Matthieu XXVI. 34. Que tu me renieras trois fois.

Avant d'avoir découvert l'origine du verbe auxiliaire, nous avions supposé qu'*au* était le radical (Voir l'Essai). Nous voudrions continuer à appeler ce groupe *au* de ce nom et le considérer comme un radical secondaire. Plusieurs flexions se rapprochent plus du radical secondaire *au* que de la racine primitive; on retrouve partout cette racine *au*; en bisc. elle est souvent *o*; en guip. *u*. Le souletin seul a introduit un *i*, dont la présence n'est due peut-être, qu'à la corruption de ce dialecte, qui a fortement souffert de l'influence de son entourage; mais il ne faut pas oublier la tendance à vouloir considérer *naiz* et *dut*, comme étant le même mot, modifié de diverses manières; et ceci rend cet *i* suspect. Dans l'introduction nous avons signalé l'erreur (volontaire?) de Chaho, qui dit que *ezak* vient de *izan* et s'écrit dans la plupart des dialectes *izak*. Quand on découvre de pareilles pratiques, on devient soupçonneux; mais notre sévérité ne nuira certes pas à l'étude de la langue basque et personne ne pourra s'en plaindre, voyant qu'elle n'est que trop justifiée.

Accusatif de la 1re pers. plur.

(tu nous, il nous, etc.)

INDICATIF.

Présent.

TRAITEMENT RESPECTIEUX.

Fréq.	Auxiliaire.				
bisc.	bisc.	guip.	lab. nav.	soul.	bn.
Garoazuz	*Gozuz*	*Gaituzu*	*Gituzu*	*Gutuzu*	......
Garoaz	*Gaituz*	*Gaitu*	*Gitu*	*Gutu*	......
Garoazuez	*Gozuez*	*Gaituzute*	*Gituzue*	*Gutuzie*	......
Garo'ez	*Gaituez*	*Gaituzte*	*Gituzte*	*Gutie*	......

TRAITEMENT FAMILIER.

fréq. bisc.	bisc.	guip.	lab.	soul.
Garoazak, — *azan*	*Gozak*, *gozan*	*Gaituk*, *gaitun*	*Gituk*, *gitun*	*Gutuk*, *gutun*
Gayaroazak, — *azan*	*Gayozak*, *gayozan*	*Gachetik*, *gachetin*	....	*Gitik*, *gitin*
	Gayatuk *gayatun*	*Gaitzetik*	....	
(*Garoazuez*)	(*Gozuez*)	(*Gaituzute*)	....	(*Gutuzu*)
Gayaro'ezak, — *ezan*	*Gayoezak*, *gayoezan*	*Gachetitek*, *gachetiten*	....	*Gitie*, *gitiñe*
	Gayatuez, *gayatuen*	*Gaitzetitek*, *gaitzetiten*		

Le *i* dans *gaituzu*, n'est pas le *i* suspect dont nous parlions tout à l'heure; il appartient au *t* suivant et forme le groupe *it*, qui intercalé, indique le pluriel. *G-au-zu* devient *g-a-it-u-zu*.

Accusatif de la 2me pers. sing.

(je te, il te, etc.)

INDICATIF.

Présent.

Fréq.	Auxiliaire.					
bisc.	bisc. et guip.		guip.(var.)	lab.	soul.	bn.
Aroat, *aroanat*	*Aut*, ou *ot*,	*aunat*	*Aukat*	*Hut*	*Hait*	*Aut*
Aroa, *aroan*	*Au*,	*auna*	*Auka*	*Hu*	*Hai*	*Au*
Aroagu, *aroanagu*	*Augu*,	*aunagu*	*Aukagu*	*Hugu*	*Haigu*	*Augu*
Aro'e, *aroane*	*Aue* ou *ave*,	*aun'e*	*Aukate*	*Hute*	*Haye*	.....

Le *h* caractéristique de la 2me pers. sing. s'est conservé en lab. et soul. En bn. il reparaît du moment que la flexion est accompagnée du préfixe *ba*: *bahau*. En bisc. et guip. le *h* s'est perdu. Si le *k* que Lardizabal écrit, doit s'y trouver, ou s'y trouvait primitivement, il aurait fallu l'hiatus dans le fréq. bisc. *aroaat* et non *aroat*. Comme aucun dialecte ne possède le *k*, il se pourrait, comme nous l'avons déjà dit plus haut, que Lardizabal l'eût introduit, pensant qu'il était nécessaire ; mais le *h* suffit à indiquer la 2me personne, le *k* est donc de trop. Remarquons ici en passant que les dialectes qui se servent de ce traitement familier n'ont qu'une seule forme pour le masc. et le fém. ; tandis que les dialectes qui ne s'en servent presque pas en ont deux ; du moins on nous en donne deux.

Accusatif de la 2me pers. du plur. employée comme sing. respectueux.

(je vous, il vous, etc.) Fréq. bisc. *zaroadaz*.

INDICATIF.

Présent.

Auxiliaire.

bisc.	guip. nav. lab.	soul.	bn.
Zaitudaz	*Zaitut*	*Zutut*	......
Zaituz	*Zaitu*	*Zutu*	......
Zaituguz	*Zaitugu*	*Zutugu*	......
Zaituez	*Zaituzte*	*Zutie*	......

Accusatif de la 2me pers. du pluriel proprement dit. Fréq. bisc. *zaroedaz*.

bisc.			guip. nav. lab.	soul.
Zaituedaz	ou	*Zaituet*	*Zaituztet*	*Zutiét*
Zaituez	„	*Zaitue*	*Zaituzte*	*Zutié*
Zaitueguz	„	*Zaituegu*	*Zaituztegu*	*Zutiégu*
Zaitueez	„	*Zaituee*	*Zaituztee*	*Zutiê*

Ces flexions ne dérivent pas de la forme primitive que

nous avons placée en tête; mais sont plutôt faites du singulier. Nous savons que le pluriel de l'accusatif s'exprime par *it* intercalé, que *dut* est devenu *d-it-ut, ditut*, v. Ch. III, § 5. De la même façon *aut*, bisc. (pour *haut*), *hut*, lab., sont devenus *zaitut* et *zutut*, c. a. d. *z-a-it-ut*. Le *z* (pour *zu*) remplace ici le *h* (pour *hi*).

Nous savons que *nau* est pour *n-au*, et *haut* pour *h-au-t;* et ainsi *z* + *au* + *t* serait devenu *zaut;* mais *z* qui est pour *zu*, est un pluriel, et comme les flexions avec l'accusatif pluriel intercalent *it*, *zaut* est devenu *zaitut* (*za-it-ut*), comme *dut* est devenu *ditut* (*d-it-ut*). Comme ce pluriel *zaitut* est en usage pour le sing. respectueux (exactement comme „vous" en français pour le singulier), le pluriel a été rendu par *zaituztet*, le pluriel d'un pluriel; tout comme *zuek* de *zu*. Voir notre Essai p. 105—106.

Zavala cite encore pour le bisc. *zaitudaz*, etc. la forme guip. *zaitut*, qui correspond à celle des dialectes basq. fr. et qui évidemment est plus correcte que celle du bisc. La même répétition du pluriel se trouve ici, que dans *ditudaz* „je les ai"; on dirait que *zaitut* suffit; cependant ce n'est pas un cas isolé, il y a une tendance générale à répéter le signe de pluralité en bisc., du moins dans les deuxièmes personnes du pluriel. Il se peut que cette confusion se soit produite, parce que ce dialecte a adopté les deux façons d'exprimer le pluriel de l'accusatif; p. ex. *gozuz* „tu (ou vous) nous," dérivé de *garoazuz*, a le *z* suffixé; tandis que *gaituz* „il nous" a *it* et *z* pour exprimer le pluriel. Zavala ne nous donne pas de variante; on ne dit donc pas autrement que *gaituz*. Dans le traitement familier le dialecte bisc. a les variantes *gayozak* ou *gayatuk*; la première du fréquentatif *garoazak*, la seconde du radical secondaire de l'auxiliaire *au*, et correspondant au guip. *gaituk*, de *g-a-it-u-k*; c'est à dire: tu — radical avec *it* intercalé — nous. Le lab. et le soul. ont généralement perdu le *a*, et *gaituzu* est devenu *gituzu*, l. et *gutuzu*, soul.

Le bn. a perdu le *h* initial de *haut*, etc.; il dit *aut*; mais du moment que *ba* précède, le *h* reparaît. *Eta baldin eure oinac trebuca eraciten bahau.* Marc., IX: 45. Mais si ton pied te fait trébucher.

Accusatif de la 1re personne sing.

(Tu m'avais, etc.)

IMPARFAIT.

TRAITEMENT RESPECTUEUX.

bisc.	guip.	lab.		soul.
Ninduzun	*Ninduzun*	*Ninduzun,*	*Nintuzun*	*Nunduzun*
Ninduan	*Ninduen*	*Ninduen,*	*Nintuen*	*Nundian*
Ninduzuen	*Ninduzuten*	*Ninduzuen,*	*Nintuzuen*	*Nunduzien*
Ninduen	*Ninduten*	*Ninduten,*	*Nintuzten*	*Nundien*

TRAITEMENT FAMILIER.

bisc.	guip.	lab.	soul.
Ninduan, nindunan	*Nindukan, nindunan*	*Nintukan, nintunan*	*Nunduyan, nundunán*
Nanduan, naindunan	*Ninchiokan, ninchionan*	. . . . . .	*Nindian, nindiñan*
Ninduzuen, ninduzuen	*Ninduzuten, ninduzuten*	. . . . . .	*Nunduzun, nunduzun*
Nainduen, naindunen	*Ninchiokaten, ninchionaten*		*Nindieyan, nindienan*

Il est clair que ces flexions ne dérivent pas de la forme primitive, qui est *neroazun*, „tu m'avais" (fréq.) et *neroaun*, masc. Elles ne sont pas non plus faites sur le modèle de l'auxiliaire avec la 3me pers. pour accusatif. Dans *nuen*, „je l'avais," *zenduen* „tu l'avais," etc. la caractéristique du nominatif *n* pour *ni*, *z* pour *zu*, se trouve comme initiale, tandis que la lettre initiale indique ici l'accusatif, et le nominatif se trouve a la fin, précédant la caractéristique *n*. Il paraît plutôt que la variété ***nenduan*** „je l'avais", v. p. 16, a servi de modèle. ***Zenduan***, „tu l'avais" serait alors devenu ***ninduzun***, en changeant *z* en *n* pour *ni*, „moi" et en intercalant *zu* comme nominatif; „tu (vous) m'avais."

Accusatif de la 2me personne sing.

(Je t'avais, etc.)

IMPARFAIT.

bisc.	guip.	lab. (Darrigol).	soul.
Indudan, indunadan	*Indukadan, indunadan*	*Hintuan*	*Hundudan*
Induan, indunan	*Indukan, indunan*	*Hintuen*	*Hundian*
Indugun, indunagun	*Indukagun, indunagun*	*Hintugun*	*Hundugun*
Induen, indunen	*Indukaten, indunaten*	*Hintuzten*	*Hundien*

Pour les flexions du dialecte guip. il y a la même observation à faire que pour *aukat*. Le *k* semble être de trop. *Indudan* est pour *hindudan* et le *h* indique déjà la 2me pers. du sing.

Accusatif de la 2me pers. du plur. (sing. resp.)

(Je vous avais, etc.)

IMPARFAIT.

bisc.	guip.	lab.	soul.
Zindudan ou *zindudazan.*	*Zindudan.*	*Zintudan.*	*Zuntudan.*
Zinduan „ *zinduzan.*	*Zinduan.*	*Zintuen.*	*Zuntian.*
Zindugun „ *zinduguzan.*	*Zindugun.*	*Zintugun.*	*Zuntugun.*
Zinduen „ *zinduezan.*	*Zinduten.*	*Zintuzten.*	*Zuntien.*

ACCUSATIF PLUR. PROPREMENT DIT.

bisc.	guip.	lab.	soul.
Zinduedan ou *zinduedazan.*	*Zinduztedan.*	*Zintuztedan.*	*Zuntiedan.*
Zinduen „ *zinduezan.*	*Zinduzten.*	*Zintuzten.*	*Zuntien.*
Zinduegun „ *zindueguzan.*	*Zinduztegun.*	*Zintuztegun.*	*Zuntiegun.*
Zindueen „ *zindueezan.*	*Zinduzten.*	*Zintuzteten.*	*Zuntien.*

§ 3.

Le Conditionnel.

Le conditionnel est formé régulièrement, c'est à dire, de l'imparfait en suffixant la caractéristique *ke*, ce qui nécessite l'élision de l'*n* final, puisque *k* et *n* ne se suivent pas. Ainsi *ninduzun,* bisc. guip. lab. fait *ninduzuke,* etc. Le bisc. le soul. et aussi le guip., selon Larramendi, placent le *ke* avant le pronom nominatif: *nindukezu,* bisc. *nundukezu.* Le conditionnel est si régulier qu'il serait superflu d'en donner des tableaux; nous expliquerons seulement celui de la conjugaison avec „te" comme accusatif. L'imparfait est *indudan,* b. *indukadan* g. *hintuan,* l. *hundudan* s. Or le conditionnel n'est pas, comme on pourrait le croire, *indudake* b. *indukadake,* g. etc. Le conditionnel est *induket,* b. *hunduket,* s. En retranchant *n* (la voyelle *a* se perd, puisqu'elle n'est qu'une lettre de liaison) de *indudan* et en y substituant *ke,* nous aurons *indudke*; le second *d* provient de *t*, du présent, et est placé à la fin de la flexion, ce qui donne *induket*. De cette façon la caractéristique du nominatif, ici *t* („je"), se trouve à la fin de la flexion, comme *zu* dans *nindukezu*.

§ 4.

L'impératif, le subjonctif et le potentiel.

Le radical du subjonctif est différent de celui de l'indicatif. Le dialecte biscaïen a fait choix de *egin*; les autres dialectes de *ezan*. Comp. Ch. VI. La formation des temps du subjonctif est très simple; le radical au milieu, précédé de l'accusatif et suivi de pronom nominatif.

Ainsi *ni-eza-zu* a donné *nezazun*, en lab. et soul., et *nazazun*, en guip. Le changement de *e* initial n'est pas rare dans le verbe; il est de règle dans les verbes réguliers; *eroan* fait *daroat*; *ekarri* fait *dakart*, etc. Le *n* final est la conjonction „que"; voir Ch. VI.

De même *hezadan*, soul. et *azadan*, g. (pour *hazadan*) sont formés de *hi-eza-t-n*. Le *t* final devient toujours *d* et la voyelle de liaison *a* est introduite afin de pouvoir prononcer *d-n*.

L'imparfait est formé régulièrement, comme celui de l'indicatif; *azadan*, g. est devenu *inzadan*, etc. et *hezadan*, soul. *hentzadan*, etc.

L'impératif est aussi formé de *ezan*, et *ni-ezan-k* ou-*n* ou-*zu* a donné *nezak*, *nezan*, *nezazu*, ou *nazak*, *nazan*, *nazazu*. Pour plus de détails sur *ezan* voir Chapitre VI.

CHAPITRE V.

§ 1.

Les terminaisons relatives.

Nous conservons ce terme inexact parce qu'il est généralement compris; mais du moment qu'il est prouvé que les „terminaisons" sont les flexions du verbe auxiliaire, il faudra trouver une autre dénomination. Ce mot de terminaison sera une des nombreuses reliques de l'ancienne grammaire basque, qui ira retrouver ses aînées au rebut.

S'il avait pu rester un doute raisonnable dans l'esprit du lecteur, par rapport à l'origine de l'auxiliaire, ce doute s'évanouira, en voyant la presque identité de formes du verbe primitif (fréquentatif) et de ses dérivés. La tenacité dans quelques dialectes (lab. et nav.) à garder leurs formes verbales intactes, est d'autant plus remarquable que quelques autres (guip. et soul.) ont tellement souffert, que si nous n'avions les chaînons intermédiaires, il serait difficile d'établir leur parenté avec la forme primitive. Qui dirait au premier abord que *dit* vient de *daroat?* — Si les dialectes guip. et soul. ont tout ce qu'il faut pour tromper sur leur origine, *) il est surprenant, d'un autre coté, que la ressemblance dans les autres dialectes n'ait jamais mis sur la voie ceux qui se sont occupés de la langue basque.

---

*) Ces dialectes nous ont induit nous même en erreur dans notre brochure Le verbe auxiliaire basque, p. 14; nous avions cru nécessaire de séparer les terminaisons relatives guip. soul. de celles des autres dialectes.

Une autre chose surprenante c'est que la conjugaison relative de l'auxiliaire biscaïen paraît ne pas dériver du fréquentatif biscaïen. *Daroadazu*, fréq. bisc. a donné le lab. et nav. *darotazu*, le lab. *dautazu*, le soul. *deitazu*, le guip. *didazu*; mais le bisc. *deustazu* paraît plutôt dériver de *eutsi*. Nous ne voudrions pas cependant décider la question ici; les mutations sont quelquefois très remarquables; par exemple: le soul. *gitik* et le bisc. *gayozak* sont des variantes parfaitement justifiées (voir page 31), la première dérivant de ce que nous appelons le radical secondaire *au*, la seconde du fréquentatif (primitif) *eroan*; ou encore *ero'en*, bisc. et *zaukaten*, lab.; V. Ch. V, § 7. Pour le moment nous ne pouvons rendre compte de l'*s* dans *deustazu*, si ce n'est qu'en considérant *eutsi* comme le radical des flexions biscaïennes.

§ 2.

Tableau des terminaisons relatives.

INDICATIF.

Présent.

Le à moi.

TRAITEMENT RESPECTUEUX.

Fréquentatif.	Auxiliaire.				
bisc.	nav. esp.	lab.	soul.	guip.	bu.
Daroadazu	*Darotazu*	*Dautazu*	*Deitazu*	*Didazu*	*Drautazu*
Daroat	*Darot*	*Daut*	*Deit*	*Dit*	*Draut*
Daroadazue	*Darotazue*	*Dautazue*	*Deitazie*	*Didazute*	*Drautazue*
Daroade	*Darotate*	*Dautate* / *Dautet.*	*Deitaye*	*Ditate*	*Draudate*

Le à moi.

TRAITEMENT FAMILIER.

Fréquentatif.	Auxiliaire.		
bisc.	lab.	soul.	guip.
Daroadak, daroadan	*Dautak, dautan*	*Deitak, deitan*	*Didak, Didan*
Yaroadak, yaroadan	. . . .	*Ditak, ditan*	*Zidak, Zidan*
(*Daroadazue*)	. . . .	(*Deitazie*)	(*Didazute*)
Yaroadek, yaroaden	. . . .	*Ditaye, ditane*	*Zidatek, Zidaten*

Le dialecte lab. emploie les deux formes *dautazu*, etc. et *darotazu*, etc. Pouvreau et Axular écrivent toujours *erau* et non *aro*; ainsi: *derautazu, derautate*. Comme ce n'est pas notre but ici d'indiquer les variétés d'un même dialecte, nous ne donnons qu'une forme pour chaque dialecte. Pour nous il importe peu que ce soit tel dialecte ou tel autre qui fasse usage d'une forme ou d'une autre; il importe seulement qu'elle existe. Le P^ce^ Bonaparte a donné des tableaux très minutieux de ces variétés. Voir Revue de linguistique, vol. V, article de M. Vinson.

Le *i* du guipuzcoan est très remarquable; on le trouve aussi en souletin; en général ces deux dialectes se ressemblent assez souvent, du moins sous le rapport de la corruption phonétique. La présence de l'*i* s'explique peut-être par l'influence du traitement familier; on aura confondu les formes; ceci pourrait surtout être vrai pour le dialecte guip. qui ne connait presque pas le traitement familier.

Mais comment expliquer le *i* du dialecte souletin, qui a conservé le traitement familier; faudrait-il croire que ce traitement à été refait à une date comparativement récente, alors qu'une certaine confusion s'était déjà introduite dans les différentes flexions? Nous l'ignorons.

Les à moi.

TRAITEMENT RESPECTUEUX.

Fréquentatif.	Auxiliaire.			
bisc.	nav. esp.	lab.	soul.	guip.
Daroadazuz	*Darozkidazu*	*Daiztazu*	*Deiztazu*	*Dizkidatzu*
Daroadaz	*Darozkit*	*Daizkit* ou *dait*	*Deizt*	*Dizkit*
Daroadazuez	*Darozkidazue*	*Daiztazue*	*Deiztatzie*	*Dizkidatzue*
Daroadez	*Darozkidate*	*Daizkidate*	*Deiztaye*	*Dizkidate*

Ces flexions sont formées de celles qui ont l'accusatif sing. inhérent; cela ne donnerait donc aucun résultat de les comparer entr'elles. Le bisc. *daroadazu* fait *daroadazuz*; le nav. *darotazu* fait *darozkidazu*, par l'intercalation de *zki*, etc. Pour la formation de l'accusatif pluriel voir Ch. III § 5.

Les à moi.

TRAITEMENT FAMILIER.

Fréquentatif.	Auxiliaire.			
bisc.	lab.	soul.	guip.	bn.
Daroadazak, daroadazan	*Daiztak, daiztan*	*Deiztak, deiztan.*	*Dizkidak, dizkidan*	*Drauzkidak.*
Yaroadazak, yaroadazan	. . . .	*Diztak, diztan.*	*Zizkidak, zizkiñan*	. . . .
(*Daroadazuez*)	. . . .	*Deiztatzie.*	(*Dizkidazute*)	. . . .
Yaroadezak, daroadezan	. . . .	*Diztaye, diztañe.*	*Zizkidatek, zizkidaten*	. . . .

Le à nous.

TRAITEMENT RESPECTUEUX.

Fréquentatif.	Auxiliaire.				
bisc.	nav. esp.	lab.	soul.	guip.	bn.
Daroaguzu.	*Darokuzu*	*Daukuzu*	*Deikuzu*	*Diguzu*	. . . . .
Daroagu.	*Daroku*	*Dauku*	*Deiku*	*Digu*	*Drauku.*
Daroaguzue.	*Darokuzute*	*Daukuzue*	*Deikuzie*	*Diguzute*	. . . . .
Daroague.	*Darokute*	*Daukute*	*Deikuye*	*Digute*	*Draukute.*

TRAITEMENT FAMILIER.

Fréquentatif.	Auxiliaire.			
bisc.	lab.	soul.	guip.	bn.
Daroaguk, daroagun.	*Daukuk, daukun*	*Deikuk, deikun.*	*Diguk, digun*	. . . . . .
Yaroaguk, yaroagun.	. . . .	*Dikuk, dikun.*	*Ziguk, zigun*	*Diraukuk.*
(*Daroaguzue*).	(*Daukuzue*)	(*Deikuzie*).	(*Diguzute*)	. . . . . .
Yaroagüek, yaroagüen.	. . . .	*Dikuye, dikuñe.*	*Zigutek, ziguen*	. . . . . .

Les à nous.

TRAITEMENT RESPECTUEUX.

Fréquent.	Auxiliaire.				
bisc.	nav. esp.	lab.	soul.	guip.	bn.
Daroaguzuz.	*Darozkiguzu*	*Daizkuzu*	*Deizkutzu*	*Dizkiguzu*	. . . .
Daroaguz.	*Darozkigu*	*Daizku*	*Deizku*	*Dizkigu*	. . . .
Daroaguzuez.	*Darozkiguzute*	*Daizkuzue*	*Deizkutzie*	*Dizkiguzute*	. . . .
Daroagüez.	*Darozkigute*	*Daizkute*	*Deizkuye*	*Dizkigute.*	. . . .

TRAITEMENT FAMILIER.

bisc.	nav. esp.	lab.	soul.	guip.	bn.
Daroaguzak, daroaguzan.	*Darozkiguk, darozkigun*	*Daizkuk, daizkun*	*Deizkuk, deizkun*	*Dizkiguk, dizkigun*	. . . .
Yaroaguzak, yaroaguzan.	. . . .	. . . .	*Dizkuk, dizkun*	*Zizkiguk, zizkigun*	. . . .
(*Daroaguzucez.*)	. . . .	. . . .	(*Deizkutzie*)	(*Dizkuguzute*)	. . . .
Yaroagüezak, yaroagüezan.	. . . . , ...	. . . .	*Dizkuye, dizkuñe*	*Zizkigutek, zizkiguten*	. . . .

Larramendi cite comme appartenant aux autres dialectes *derauzkiguk* et *dauzkiguk* (probablement lab. ou nav. Axular et Pouvreau écrivent toujours *erau*). Ces formes complètent la série des mutations: *aroa, erau, aro, au, ai, ei, i.*

Le à toi.

Fréquentatif.	Auxiliaire.											
bisc.	nav.esp.	Larram.	bn.	lab.		soul.		guip. Larram.		guip. Lardiz.	
Daroaat, daroanat.	*Daroat,*	*daronat*	*Drauat, draunat*	*Dayat,*	*daunat*	*Deyat,*	*deiñat*	*Diet,*	*diñat*	*Dikikat,*	*dikiñat*
Daroaa, daroana.	*Darot,*	*daron*	*Drauk*	*Dauk,*	*daun*	*Deik,*	*dein*	*Dik,*	*din*	*Dikik*	*dikin*
Daroagu, daroanagu.	*Daroagu,*	*daroagu*	*Drauagu*	*Dayagu,*	*daunagu*	*Deyagu,*	*deiñagu*	*Diegu,*	*diñagu*	*Dikikagu,*	*dikinagu*
Daro'e, darone.	*Darotee,*	*daroten*	. . . . .	*Daye,*	*daune*	*Deye,*	*deñe*	*Ditek,*	*diñate*	*Dikitek,*	*diketen*

§ 3.

Remarques sur les flexions „le à toi" du dialecte guip.

Nous donnons ici les deux différentes formes du guip., puisque nous croyons découvrir ici, ce que nous avons déjà supposé plusieurs fois, voir page 8, c'est que Lardizabal fabrique les flexions familières. Les flexions que Larramendi nous donne s'expliquent parfaitement; celles de Lardizabal ne signifient rien. La forme primitive du biscaïen est *daroaat* pour *daroahat*, c'est à dire *d-eroa-h-t* „je-à toi-ai-le" = „je l'ai à toi" ou „je te l'ai". Ce *daroaat* est contracté en *daroat* ou *drauat*, puis par la chute de *r* en *dayat*, puis *deyat*, puis enfin la plus forte contraction *diet*, guip. De même la 3me pers. *daroaa*, pour *daroaha* (*d-eroa-h*) „à toi a le" pour „il l'a à toi", puisque le pronom de la 3me pers. est toujours absent. Ce *daroaha* est devenu *darok*, *drauk*, puis *dauk*, puis *deik* et finalement *dik*, guip. D'où est-ce que Lardizabal a pu prendre ses flexions? Le cas est assez intéressant pour tâcher de découvrir comment il y est arrivé; mais encore, si nous ne réussissons pas à l'expliquer, il n'en est pas moins certain, croyons nous, que ces formes n'existent pas. La seule façon dont nous nous expliquons l'origine de ces flexions est celle-ci: Lardizabal, comme nous avons vu à la page 8, croit que la présence de *k*, dans les flexions familières, est de rigueur. Il corrige Larramendi, et écrit pour *aut*, *aukat*, pour *au*, *auka*, pour *diat*, *dikat*, pour *cioat*, *ciokat*. La 3me pers. a été malheureusement toujours citée (pas seulement par lui) comme point de départ des comparaisons entre les flexions, ce qui a causé pas mal de confusion. Il paraîtrait donc que Lardizabal s'est dit que puisque *dik* signifie „il l'a", *dik* + *k*, signifierait „il l'a à toi", et il l'a écrit *dikik*; pour la 1re pers. il faut ajouter le *t*, ce qui fera *dikik* + *t*, avec le *a* de liaison *dikikat*. Lardizabal paraît avoir entièrement oublié que Larramendi donne les flexions pour le masc. et le fém. On ne peut pas les considérer au fond, comme les flexions d'un traitement spécial, comme est le traitement familier; elles correspondent au pronom *hi*, „tu" et n'ont par conséquent rien de particulier; aussi se trouvent elles au complet dans le dial. guip., qui tout aussi peu que le dial. bisc., a conservé le traitement familier pour les autres personnes, nous voulons dire pour la 1re et pour la 3me personnes. Elles n'ont pas par conséquent, la caractéristique de ce traitement, qui est l'initiale mouillée. Une fois cette forme acceptée, Lardizabal a dû continuer d'après le modèle qu'il s'est fait et ainsi „les à toi" est chez lui: *dizkikat*, etc. etc.

§ 4.

Suite des tableaux.

Les à toi.

Fréquentatif.	Auxiliaire.	
bisc.	nav. esp. Larr.	bu.
Daroadaz, daroanadaz	*Darozkiat, -zkiñat*	*Drauzkiat*
Daroauz, daroanaz	*Darozkik, -zkin*	*Drauzkia*
Daroaguz, daroanaguz	*Darozkiagu, -zkiñagu*	. . . . . .
Daro'ez, daroanez	*Darozkiate, -zkiñate*	. . . . . .

lab.	soul.	guip.
Daitziat, -tzinat.	*Deitzat, deitzanat*	*Dizkiet, dizkiñat.*
Daik, dain.	*Deitzak, deitzan*	*Dizkik, dizkin.*
Daitziagu,-tzinagu.	*Deitzagu, deitzanagu*	*Dizkiegu, dizkiñagu.*
Daizkie, daizkine.	*Deitzaye, deitzañe*	*Dizkitek, dizkiñate.*

Le à vous (sing.)

Fréquent.	Auxiliaire.				
bisc.	nav. esp.	bn.	lab.	soul.	guip.
Daroatzut	*Darotzut*	....	*Dautzut*	*Deitzut* [1]	*Dizut*
Daroatzu	*Darotzu*	....	*Dautzu*	*Deizu*	*Dizu*
Daroatzugu	*Darotzugu*	....	*Dautzugu*	*Deizugu*	*Dizugu*
Daroatzue	*Darotzue*	....	*Dauzute*	*Deizuye*	*Dizute*

Les à vous (sing.)

Daroatzudaz	*Darozkitzut*	....	*Daitzut*	*Deitzut*	*Dizkizut*
Daroatzuz	*Darozkitzu*	....	*Daitzu*	*Deitzu*	*Dizkizu*
Daroatzuguz	*Darozkitzugu*	....	*Daitzugu*	*Deitzugu*	*Dizkizugu*
Daroatzuez	*Darozkitzue*	....	*Daitzute*	*Deitzuye*	*Dizkizute*

Le à vous (plur.)

Fréq.	Auxiliaire.				
bisc.	nav. esp.	bn.	lab.	soul.	guip.
Daroatzuet	*Darotzuet*	*Drauzuet*	*Dautzuet*	*Deitziet* [1]	*Dizutet*
Daroatzue	*Darotzue*	*Drauzue*	*Dautzue*	*Deizie* [1]	*Dizute*
Daroatzuegu	*Darotzuegu*	*Drauzuegu*	*Dautzuegu*	*Deiziegu*	*Dizugute*
Daroatzuee	*Darotzuete*	*Drauzuete*	*Dautzuete*	*Deizié*	*Dizutete*

Les à vous (plur.)

Fréquent.	Auxiliaire.				
bisc.	nav. esp.	bn.	lab.	soul.	guip.
Daroatzuedaz	*Darozkitzuet*	*Drauzkizuet*	*Daitzuet*	*Deitziet*	*Dizkizutet*
Daroatzuez	*Darozkitzue*	*Drauzkizue*	*Daitzue*	*Déitzie*	*Dizkizute*
Daroatzueguz	*Darozkitzuegu*	......	*Daitzuegu*	*Deitziegu*	*Dizkizutegu*
Daroatzueez	*Darozkitzuete*	......	*Daitzuete*	*Deitzié*	*Dizkizutee*

---

[1]) Prône souletin de 1676, *deriçut, dericie, dericiet.*

Le à lui.

TRAITEMENT RESPECTUEUX.

Fréquent.	Auxiliaire.				
bisc.	nav. esp.	bn.	lab.	soul.	guip. lab.
Daroakot	*Darokat*	*Draukat*	*Dakot*	*Deyot*	*Diot*
Daroakozu	*Darokazu*	. . . . . .	*Dakozu*	*Deyozu*	*Diozu*
Daroako	*Daroka*	*Drauka*	*Dako*	*Deyo*	*Dio* (*daro* lab.)
Daroakogu	*Darokagu*	*Draukagu*	*Dakogu*	*Deyogu*	*Diogu*
Daroakozue	*Darokazute*	*Draukazue*	*Dakozue*	*Deyozie*	*Diozute*
Daroakoe	*Darokate*	*Draukate*	*Dakote*	*Deyoe*	*Diote*

Le à lui.

TRAITEMENT FAMILIER.

Fréq.				
bisc.	bn.	lab.	soul.	Guip.
Yaroakoat, *yaroakonat*	*Diarokat*	. . . .	*Dioyat*, *dioñat*	*Ziokat*, *zionat*
Daroakok, *daroakon*	*Draukak* [1])	*Dakok*, *dakon*	*Deyok*, *deyon*	*Diok*, *dion*
Yaroakok, *yaroakon*	*Diraukak*	. . . .	*Diok*, *dion*	*Ziok*, *zion*
Yaroakoagu, *yaroakonagu*	. . . . .	. . . .	*Dioyagu*, *dioñagu*	*Ziokagu*, *zionagu*
(*Daroakozue*)	. . . . .	. . . .	(*Deyozie*)	(*Diozute*)
Yaroakoek, *Yaroakoen*	. . . . .	. . . .	*Dioye*, *dioñe*	*Ziotek*, *zioten*

¹) Matt. V: 43. Rom. II: 5.

Dans le XVIIme siècle, le souletin avait *deriot* ou *derot* = *deyot*; *derio* = *deyo*; *deriocie* = *deyozie*; V. Inchauspe, Verbe basque p. 203; et le prône souletin de 1676, cité par M. Vinson dans ses „Documents" etc. p. IX, et dont nous possédons un exemplaire grâce à l'obligeance de M. d'Abbadie (de l'Institut).

Les à lui.

TRAITEMENT RESPECTUEUX.

Fréquent.	Auxiliaire.						
bisc.	nav. esp. (Lardiz.) (Larram.)		bn.	lab.		soul.	guip.
Daroakodaz	*Darozkiot*	ou *darotzat*	. . . . .	*Daizkot* [1])	ou *diotzat*	*Deitzot*	*Diozkat*
Daroakozuz	*Daroskiozu*	„ *darotzatzu*	. . . . .	*Daizkotzu*	„ *diotzatzu*	*Deitzozu*	*Diozkazu*
Daroakoz	*Darozkio*	„ *darotza*	*Drauzkio* [2])	*Daizko*	„ *diotza*	*Deitzo*	*Diozku*
Daroakoguz	*Darozkiogu*	„ *darotzagu*	. . . .	*Daizkogu*	„ *diotzagu*	*Deitzogu*	*Diozkagu*
Daroakozuez	*Darozkiozute*	„ *darotzatzue*	. . . . .	*Daizkozue*	„ *diotzatzue*	*Deitzozie*	*Diozkazute*
Daroakoez	*Darozkiote*	„ *darotzate*	. . . . .	*Daizkote*	„ *diotzate*	*Deitzoe*	*Diozkate*

Le guip. dit: *diozkat* ou *dizkiot*, et par conséquent les imparfaits, qui sont formés du présent, sont *niozkan* ou *nizkion* etc. Le lab., selon M. Inchauspe, est *diotzat*, ce qui donne pour imparfait *niotzan*. Nous n'avons pas répété toutes ces formes.

[1]) Par hyperthèse aussi *diozkat*. [2]) Aussi *drautza* Matt. IV. 8.

Les à lui.

TRAITEMENT FAMILIER.

Fréquentatif.	Auxiliaire.		
bisc.	bn.	lab.	soul.
Yaroakoadaz, yaroakonadaz	....	....	*Ditzoyat, ditzoñat*
Daroakozak, daroakozan	....	*Daizkok, daizkon*	*Deitzok, deitzon*
Yaroakozak yaroakozan	....	....	*Di'zok, ditzon*
Yaroakoaguz, yaroakonaguz	....	....	*Ditzoyagu, ditzoñagu*
(*Daroakozuez*)	....	....	(*Deitzozie*)
Yaroakoezak, yaroakoezan	....	....	*Ditzoye, ditzoñe*

Le à eux.

TRAITEMENT RESPECTUEUX.

Fréquentatif.	Auxiliaire.				
bisc.	nav. esp.	bn.	lab.	soul.	guip.
Daroakoet	*Darokatet*	*Drauet*	*Diotet*	*Deyet*	*Diet*
Daroakoezu	*Darokatezu*	.....	*Diozute*	*Deyezu*	*Diezu*
Daroakoe	*Darokate*	*Drauc*	*Diote* ou *daroe*	*Deye*	*Die*
Daroakoegu	*Darokategu*	*Drauegu*	*Diotegu*	*Deyegu*	*Diegu*
Daroakoezue	*Darokatezute*	.....	*Diotezuete*	*Deyezie*	*Diezute*
Daroakoee	*Darokatete*	.....	*Diote*	*Deyie*	*Diete, diee*

Le lab. a une variante *dayet,* etc. avec *a* au lieu de *e* en soul. Le guip. se sert aussi du lab. *diotel* etc.

Le à eux.

TRAITEMENT FAMILIER.

Fréquentatif.		Auxiliaire.				
bisc.		bn.	lab.		soul.	
Yarakoc't,	*yaroakoenat*	*Diraucat*			*Dicyat,*	*dieñat*
Daroakoek,	*daroakoen*	. . . . .	*Dakotek,*	*dakoten*	*Deyek,*	*deyen*
Yaroakoek,	*yaroakoen*				*Diek,*	*dien*
Yaroakoe'gu,	*yaroakoenagu*				*Dieyagu,*	*dieñagu*
(Daroakoezue)					*(Deyezie)*	
Yaroakoeek,	*yaroakoeen*				*Dieye,*	*dieñe*

Dans le XVIIme siècle le dialecte soul. avait *deriet* = *deyet; dere* = *deye.* Verbe basque, Inchauspe, p. 203; et le prône souletin. Il paraît que le *r* s'est conservé encore de nos jours dans quelques localités; voir Revue de linguistique, vol. VII, p. 284.

Les à eux.

TRAITEMENT RESPECTUEUX.

Fréq. — **Auxiliaire.**

bisc.	nav. esp.	bn.	lab.	soul.	guip.
Daroakoedaz	*Darozkiotet*	. . . . . .	*Diotzatet*	*Deitzet*	*Dieztet*
Daroakoezuz	*Darozkiotezu*	. . . . . .	*Diotzatzute*	*Deitzezu*	*Dieztezu*
Daroakoez	*Darozkiote*	. . . . . .	*Diotzate*	*Deitze*	*Diezte*
Daroakoeguz	*Darozkiotegu*	. . . . . .	*Diotzategu*	*Deitzegu*	*Dieztegu*
Daroakoezuez	*Darozkiotezute*	. . . . . .	*Diotzatzuete*	*Deitzezie*	*Dieztezute*
Daroakoeez	*Darozkiotete*	. . . . . .	*Diotzate*	*Deitzeye*	*Dieztee*

Les à eux.

TRAITEMENT FAMILIER.

fréq. bisc.		bn.	lab.	soul.
Yaroakoedaz, yaroakoenadaz	. . . . . .		. . . . . .	*Ditzeyat, ditzeñat*
Daroakoezak, daroakoezan	*Drauztek*	. . . . . .	*Daizkotek, daizkoten*	*Deitzek, deitzen*
Yaroakoezak, yaroakoezan	*Drauzte.*	. . . . . .	. . . .	*Ditzek, ditzen*
Yaroakoe'guz, yaroakoenaguz	. . . . . .	. . . . . .	. . . .	*Ditzeyagu, ditzeñagu*
Daroakoezuez)	. . . . . .	. . . . . .	. . . .	*(Deitzezie),*
Yaroakoeezak, yaroakoeezan	. . . . . .	. . . . . .	. . . .	*Ditzeye, ditzeñe*

§ 5.

Observations sur les terminaisons relatives.

La forme de ces flexions, tant celle du verbe fréquentatif que celle du verbe auxiliaire, est parfaitement claire.

Si on les a considérées comme très confuses, la faute en est tout autant à ceux qui n'ont pas su se défaire de leur vieille routine, qu'aux flexions mêmes. Bien que la langue basque forme ses phrases et ses mots d'une façon différente de celle à laquelle nous sommes habitués, bien que souvent elle renverse l'ordre accepté dans nos langues, il n'en est pas moins vrai que cet ordre n'est pas absolument le même partout. En français on dit: „je le lui dis"; en hollandais „ik zeg het hem", c'est à dire „je dis le lui". Si l'on est habitué dans nos langues à écrire le verbe séparé de son régime, il ne s'en suit pas qu'on doive considérer comme tout-à-fait extraordinaire, la langue qui les unit en un seul mot. La réunion des différentes parties de la phrase entraîne des élisions ou des contractions, qui trouvent leurs analogies dans d'autres langues. En all. on écrit „ich habe's", pour „ich habe es", et en angl. I don't, pour „I do not". Pourquoi donc est-il si étonnant que *dut* soit *d-u-t*; „je l'ai" pour „je le ai". Beaucoup de formes verbales en français offriront la même obscurité apparente, surtout si elles sont écrites sans souci de l'étymologie; p. ex. mènemi, suimi, tumla, tuteles, içeles, quilefisse; pour: mènes m'y, suis m'y, tu me l'as, tu te l'es, il se l'est, qu'ils le fissent.

En anglo-saxon on trouve „nist" pour „he did not know" „naeron" pour „they were not". V. Lectures etc. 1 p. 231. Max Müller.

Nous ne prétendons pas que le verbe basque n'ait rien de particulier; ce serait de l'exagération dans l'autre sens; l'intercalation, par exemple, du signe de pluralité (*z*, *tz*, ou *zk* etc.) appartient en propre au basque; mais comme nous verrons, beaucoup de mystères disparaissent en examinant le verbe attentivement. Malheureusement notre théorie va faire descendre le verbe basque de la hauteur vertigineuse où l'enthousiasme, pour ne rien dire de plus, de ses adorateurs l'avait placé, et les qualificatifs de divin, etc. etc. ne pourront guère plus s'appliquer à cette partie du discours, qui reprend modestement sa place au milieu des autres.

Eroan est un verbe régulier (v. Essai, Ch. X) comme *ekarri* ou *egin*. Comme *ekarri* fait *dakart* et *egin*, *dakit*, ainsi *eroan* fait *daroat* „je l'emmène", ou comme verbe fréquentatif „je l'ai habituellement".

Le *d* correspond à „le"; *aroa* est la racine (pour *eroa*, la voyelle initiale devient généralement *a*; *dakust* de *ikusi*, v. Essai, p. 104), et *t* indique la 1re pers. sing. „je". De la même façon *daroadazu*, „tu me l'as", est formé de *d-aroa-d* (pour *t*) *-a-zu*, „tu à moi as le". Le *a* qui précède *zu* est la lettre de liaison. — *Daroat*, „il me l'a", est formé de *d-aroa-t*, „à moi a le". Le pronom „il" est invariablement absent. La forme de toutes les flexions n'est pas si transparente, par exemple les flexions qui ont la 2me personne du sing. pour datif. *Daroaat*, *daroanat*, „je l'ai à toi"; en lab. *dayat*, *daunat*; en bn. *drauat*, *draunat*. L'analyse de ces flexions nous donne: *d* „le"; *aroa* la racine, *t* „je"; mais où est la 2me pers. „à toi"? Nous croyons qu'elle s'est perdue, ce qui explique l'hiatus; *daroaat* est pour *daroahat*; et seulement maintenant la flexion est complète; le *h* est la caractéristique de la 2me personne; v. page 10.

Daroaa, *daroana* „il l'a à toi"; en lab. *dauk*, *daun*, en bn. *drauk*, *draun* (?). Nous savons que le pronom nominatif, „il" est toujours absent; ainsi *daroaa* est formé de *d* „le", *aroa*, la racine; mais qu'est-ce que le *a* qui reste et où est la 2me pers.? Nous croyons que *daroaa* est pour *daroaha* ou *daroah*; cet *h* s'est perdu en bisc. et s'est durci en *k* en lab. et bn. *dauk* et *drauk*.

Il est certain que le *k* indique ici „à toi", et comme il n'est pas probable qu'il y ait eu deux signes, *h* et *k*, pour indiquer la 2me pers., il faut en conclure que le *h* s'est converti en *k*; v. p. 10. Que *k* n'est pas toujours primitif peut se prouver incontestablement par *dauku*, *daroku* „il à nous", pour *daugu*, *darogu*.

Toutes ces flexions correspondent parfaitement et s'expliquent réciproquement; quelques unes ont conservé à peu près la forme primitive, comme *daroatzuet*, fréq. bisc. = *daroatzuet*, lab. „je l'ai à vous". Il est presque superflu de faire observer que cette ressemblance est extrêmement remarquable, vu qu'on ne s'était jamais douté que ces deux verbes fussent si étroitement liés; bien plus on s'est toujours efforcé de prouver, ou plutôt de prétendre, que le verbe auxiliaire n'est pas un verbe. Nous ne pouvons donc qu'admirer la ténacité de ces formes verbales, surtout dans une langue si peu cultivée. —

Il est cependant des flexions dont l'analogie n'est pas si frappante; ce sont celles qui indiquent le datif de la 3me pers. „à lui". La forme primitive est *daroakot*; „je l'ai habituellement à lui"; de là le nav. esp. *darokat*, bn. *draukat*, lab. *dakot*, soul. *deriot* *) ou *deyot*, guip. *diot*. Le soul. *deriot* a perdu le *k*, mais a conservé le *r*. Le lab. a encore *diot*, *diozu*, etc. exactement comme le dial. guip. Ce *diot* ne peut venir de *daroakot*, le *i* s'y oppose; mais le *i* est la caractéristique du traitement familier (v. p. 10), et nous croyons que *diot*, etc. appartient à ce traitement; comme *dakot* sera au fond la forme respectueuse. Le bn. de Liçarrague vient à l'appui de notre hypothèse; il emploie *draukat* et *diarokat* pour „je l'ai à lui", et il nous semble le premier pour le traitement respect. et le second pour le traitement familier. *Diarokat*, bn. vient évidemment du fréquentatif *yaroakoat*, (*di* = *y*) et *diot* dérivera de *deriot* ou d'une pareille forme intermédiaire. Le soul. a aussi conservé le *e* dans *deyot* pour *deriot* (= *deraukat*, lab.), mais dans le traitement familier nous trouvons

*) Dans le prône soul. de 1676.

le *i*: *dioyat*, etc. Comme en lab. et surtout en guip. le traitement familier se borne aux 2mes personnes du sing., il est probable qu'on aura confondu les différentes flexions.

La contraction d'une forme comme *deriot*, (ou quelle qu'ait été la forme intermédiaire), en *diot*, guip. et lab. est toute naturelle; de plus il est incontestable que *diot* n'est pas seulement une forme contractée, mais tronquée; elle doit avoir perdu des lettres; *t* correspond à „je"; *d* à „le"; *o* est peut-être tout ce qui reste du radical *eroan*; cependant il serait possible que toute la racine eût disparu et que le *o* fut la caractéristique du datif de la 3me personne. Selon Zavala (verbo vizc. p. 64 § 3) on écrit *ko* ou *yo* au lieu de *o*, après *l* et *r* et après les voyelles, excepté *i*; ainsi *datorko*, „il lui vient", de *etorri*; *daroakot* ou *daroayot*, „il l'a à lui habituellement". Il est probable que *ko* est le groupe primitif et que le *k* se radoucit en *y* ou se perd entièrement. A la page 133, en parlant des flexions de l'autre auxiliaire, Zavala dit qu'on peut choisir indifféremment *o* ou *a*, *yaka* ou *yako*, etc. Ceci expliquera peut-être pourquoi on trouve en bisc. *daroakot* et en bn. *draukat*.

§ 6.

Terminaisons relatives.

L'IMPARFAIT.

Le à moi.

TRAITEMENT RESPECTUEUX.

Fréq.	Auxiliaire.				
bisc.	nav. esp.	lab.	soul.	guip.	bn.
Zeroadan	*Zinarotazun*	*Zinautan*	*Zeneitan*	*Zinidan*	. . . . .
Eroadan	*Zarotan*	*Zautan*	*Zeitan*	*Zidan*	. . . . .
Zeroaden	*Zinarotazuten*	*Zinautaten*	*Zeneitazien*	*Zinidazuten*	. . . . .
Eroaden	*Zarotaten*	*Zautaten*	*Zeitayen*	*Zidaten.*	. . . . .

TRAITEMENT FAMILIER.

Fréquentatif.	Auxiliaire.		
bisc.	lab.	soul.	bn.
Eroadaan, eroadanan	*Hautan*	*Heitan*	....
Yeroadaan, yeroadanan	......	*Zitayan, zitañan*	....
(Zeroaden)	......	*(Zeneitazien)*	....
Yeroad'en, yeroadanen	......	*Zitadiéyan, zitadienan*	....

Nous citons le nav. esp. d'après Larramendi, copié par Lardizabal dans sa grammaire, et donné par M. Inchauspe pour du lab. La 1re pers. n'est pas bien formée ; il fallait *zinarotan* ; le *zu* se perd. Larramendi cite la variante *zerautan* (= *zarotan*), orthographe adoptée par Axular et Pouvreau. Zavala indique généralement le pluriel en changeant le *a* en *e* ; mais le fait est qu'ici la 3me pers. du plur. *eroaden* est une forme contractée de *eroadaten*, composé de *eroa-d* pour *t* „moi" — *a* lettre de liaison — *t* — signe de pluralité — *n* caract. de l'imparf.

Les à moi.

TRAITEMENT RESPECTUEUX.

Fréquentatif.	Auxiliaire.				
bisc.	nav. esp.	lab.	soul.	guip.	bn.
Zeroadazan	*Ziñarozkidazun*	*Zinaiztan*	*Zeneiztan*	*Zinizkidan*	......
Eroadazan	*Zarozkidan*	*Zaiztan*	*Zeiztan*	*Zizkidan*	......
Zeroadezan	*Ziñarozkidazuten*	*Zinaiztaten*	*Zeneiztatzien*	*Zinizkidaten*	......
Eroadezan	*Zarozkidaten*	*Zaiztaten*	*Zeiztayen*	*Zizkidaten*	......

Les à moi.

TRAITEMENT FAMILIER.

Fréquentatif.	Auxiliaire.		
bisc.	lab.	soul.	bn.
Eroadaazan,—danazan	*Haiztan*	*Heiztan,*	....
Yeroadaazan,--danazan	.....	*Ziztayan, ziztañan*	....
Zeroadezan	.....	*Zenciztatzien*	....
Yeroad'ezan,—danezan	.....	*Ziztadieyan, ziztadienan*	....

La variante lab. *zauzkidan* = *zaiztan*, forme la transition entre *zarozkidan* et *zaiztan*. Même observation que ci-dessus, pour *zinarozkidazun*, qui devrait être *zinarozkidan*.

Le à nous.

TRAITEMENT RESPECTUEUX.

Fréq.	Auxiliaire.				
bisc.	nav. esp.	lab.	soul.	guip.	bn.
Zeroagun	*Zarokuzun*	*Zinaukun*	*Zeneikun*	*Ziguzun*	....
Eroagun	*Zarokun*	*Zaukun*	*Zeikun*	*Zigun*	....
Zeroagüen	*Zarokuzuten*	*Zinaukuten*	*Zeneikuzien*	*Ziguzuten*	....
Eroagüen	*Zarokuten*	*Zaukuten*	*Zeikuyen*	*Ziguten*	....

TRAITEMENT FAMILIER.

bisc.	lab.	soul.	bn.
Eroaguan,-gunan	*Haukun*	*Heikun*	.....
Yeroaguan,-gunan	.....	*Zikuyan, zikuñan*	.....
(*Zeroagüen*)	.....	*Zeneikuzien*	.....
Yeroagü'en,-gunen	.....	*Zikieyan, zikienan*	.....

Puisque ces temps sont formés du présent on ne peut les comparer entre eux; ils dérivent tous régulièrement du présent; p. ex. le soul. *zeikun* „il l'a à nous" vient de *deiku*, en lab. *dauku*, en nav. *daroku*, du bisc. *daroagu*. Nous choisissons *zeikun*, puisque cette flexion signifie en soul. aussi „il était à nous". Dans les autres dialectes cette flexion „il était à nous" est *zitzaikun*, lab.; *zitzagun*, guip.; *yakun*, bisc.; les deux premières ont très probablement l'auxiliaire *izan* comme radical, encore très reconnaissable dans *itza*; le *n* se perd toujours. Le présent de l'indicatif a *zaiku* en soul.; il faudrait donc selon la loi générale que l'imparfait eût aussi le *a*: *zaikun* et non *zeikun*. Nous trouvons la même forme dans les „Etudes grammaticales" de Chaho; il se pourrait que M. Inchauspe eût simplement copié la forme comme il a adopté le fond. Quelque soit le nombre des auteurs qui la citent nous demanderons s'il est bien sûr que cette forme soit en usage; elle est en désaccord avec tous les autres dialectes et éveille inévitablement le soupçon que ce léger changement (une seule voyelle!) pourrait avoir été fait pour rapprocher les deux auxiliaires, qui, selon la théorie des Basques, ne font qu'un seul verbe.

Les à nous.

TRAITEMENT RESPECTUEUX.

Fréq.	Auxiliaire.				
bisc.	nav. esp.	lab.	soul.	guip.	bn.
Zeroaguzan	*Zarozkiguzun*	*Zinaizkun*	*Zencizkun*	*Zinizkigun*	. . . .
Eroaguzan	*Zarozkigun*	*Zaizkun*	*Zeizkun*	*Zizkigun*	. . . .
Zeroagüezan	*Zarozkiguzuten*	*Zinaizkuten*	*Zencizkutzien*	*Zinizkiguten*	. . . .
Eroagüezan	*Zarozkiguten*	*Zaizkuten*	*Zeizkuyen*	*Zizkiguten*	. . . .

Les à nous.

TRAITEMENT FAMILIER.

Fréquentatif.	Auxiliaire.		
bisc.	lab.	soul.	bn.
Eroaguazan, croagunezan	*Haizkun*	*Heizkun*	. . . . .
Yeroaguazan, ycroagunezan	. . . . .	*Zizkuyan, zizkuñan*	. . . . .
Zcroagüczan	. . . . .	*Zineizkutzien*	. . . . .
Yeroagu'czan, croagunezan	. . . . .	*Zizkieyan, zizkienan*	. . . . .

Le à toi.

Fréquentatif.	Auxiliaire.				
bisc.	nav. esp.	lab.	soul.	guip.	bn.
Neroaan, neroanan	*Naroan, naronan*	*Naukan, naunan*	*Neyan, neñan*	*Nien, niñan*	. . . .
Eroaan, eroanan	*Zaroan, zaronan*	*Zaukan, zaunan*	*Zeyan, zeñan*	*Zien, ziñan*	. . . .
Geroaan, geroanan	. . . . . *gincronan*	*Ginaukan, ginaunan*	*Gencyan, geneñan*	*Ginien, giniñan*	. . . .
Ero'cn eroanen	*Zarotatekan, zarotenan*	*Zaukaten, zaunaten*	*Zeyian, zeyeñan*	*Zieten, ziteñan*	. . . .

Le nav. esp. est incomplet, Larramendi cite des formes évidemment fautives. Il écrit *aroatan*, que nous corrigeons (l'unique fois dans toute cette étude) en *naroan*, puisque le fém. *naronan* indique clairement qu'il faut *naroan* pour le masc. La flexion *zaroagun*, „nous te l'avions" est fautive; mais nous préférons laisser ici la lacune, que de corriger aussi cette flexion; comp. *zarotzugun* „nous vous l'avions." Le pronom sujet (ici *g*) est toujours préfixé dans l'imparfait.

Les à toi.

Fréquentatif.	Auxiliaire.		
bisc.	lab.	soul.	guip.
Neroaazan, neroanazan	*Naizkian, naizkinan*	*Neitzan, neitzanan*	*Nizkien, nizkiñan*
Eroaazan. eronazan	*Zaizkan, zainan*	*Zeitzan, zeitzañan*	*Zizkien, zizkiñan*
Geroaazan, geroanazan	*Ginaizkan, ginainan*	*Geneitzan, geneitzañan*	*Ginizkien, ginizkiñan*
Ero'ezan, eronezan	*Zaizkaten, zainaten*	*Zeitzeyan, zeitzeñan*	*Zizkieten, zizkinaten*

Le à vous (singulier).

Fréq.	Auxiliaire.				
bisc.	nav. esp.	lab.	soul.	guip.	bn.
Neroatzun	*Narotzun*	*Nautzun*	*Neizun*	*Nizun*	. . . . . .
Eroatzun	*Zarotzun*	*Zautzun*	*Zeizun*	*Zizun*	. . . . . .
Geroatzun	*Zazotzugun*	*Ginautzun*	*Geneizun*	*Ginizun*	. . . . . .
Eroatzuen	*Zarotzuten*	*Zautzuten*	*Zeizien*	*Zizuten*	. . . . . .

Les à vous (singulier.)

Neroatzuzan	*Narozkitzun*	*Naitzun*	*Neitzun*	*Nizkitzun*	. . . . . .
Eroatzuzan	*Zarozkitzun*	*Zaitzun*	*Zeitzun*	*Zizkitzun*	. . . . . .
Geroatzuzan	*Zarozkitzugun*	*Ginaitzun*	*Geneitzun*	*Ginizkitzun*	. . . . . .
Eroatzuezan	*Zarozkitzuten*	*Zaitzuten*	*Zeitzien*	*Zizkizuten*	. . . . . .

Ce que nous citons d'après Larramendi pour du nav. esp. est du lab. selon M. Inchauspe, ce qui ne nous importe pas ici. Ce qui importe, c'est que M. Inchauspe cite au lieu de *zarotzugun*, *ginarotzun*, ce qui est évidemment une forme plus correcte, mais était-elle en usage? Nous avons relevé (p. 56) l'irrégularité de la forme *zinarotazun*, et cependant, incorrecte comme elle l'est, elle parait être en usage. Il y a des fautes qui sont admises dans une langue; p. ex. en anglais „playing cards", cartes à jouer; „playing, participe présent, par conséquent actif.

Le à vous (pluriel).

Fréq.	Auxiliaire.				
bisc.	nav. esp.	lab.	soul.	guip.	bn.
Neroatzuen	*Narotzuen*	*Nautzuen*	*Neizien*	*Nizuten*	. . . . .
Eroatzuen	*Zarotzuen*	*Zautzuen*	*Zeizien*	*Zizuten*	. . . . .
Geroatzuen	*Zarotzuegun* (*	*Ginautzuen*	*Geneizien*	*Ginizuten*	. . . . .
Eroatzueen	*Zarotzueten*	*Zautzueten*	*Zeizien*	*Zizuteten*	. . . . .

(* Même observation que pour *zarotzugun*.

Les à vous (pluriel).

Neroatzuezan	*Narozkitzuen*	*Naitzuen*	*Neitzien*	*Nizkitzuten*	. . . . . .
Eroatzuezan	*Zarozkitzuen*	*Zaitzuen*	*Zeitzien*	*Zizkitzuten*	. . . . . .
Geroatzuezan	*Zarozkitzuegun*	*Ginaitzuen*	*Geneitzien*	*Ginizkitzuten*	. . . . . .
Eroatzueezan	*Zarozkitzueten*	*Zaitzueten*	*Zeitzien*	*Zizkitzuten*	. . . . . .

Le à lui.

Fréquent.		Auxiliaire.			
bisc.	nav. esp.	lab.	soul.	guip.	bn.
Neroakon	*Narokan*	*Nakon*	*Neyon*	*Nion*	*Neraukan*
Zeroakon	*Zarokazun*	*Zinakon*	*Zeneyon*	*Zinion*	*Zeneraukan*
Eroakon	*Zarokan*	*Zakon*	*Zeyon*	*Zion*	*Zeraukan*
Geroakon	*Zarokagun*	*Ginakon*	*Geneyon*	*Ginion*	*Generaukan*
Zeroakoen	*Zarokazuten*	*Zinakoten*	*Zeneyoen*	*Zinioten*	*Zeneraukaten*
Eroakoen	*Zarokaten*	*Zakoten*	*Zeyoen*	*Zioten*	*Zeraukaten*

Les à lui.

Neroakozan	*Narozkion* ou *narotzan*	*Naizkon*	*Neitzon*	*Niozkan,*	*Nerautzan*
Zeroakozan	*Zarozkiozun* „ *zarotzatzun*	*Zinaizkon*	*Zeneitzon*	*Ziniozkan*	*Zenerautzan*
Eroakozan	*Zarozkion* „ *zarotzan*	*Zaizkon*	*Zeitzon*	*Ziozkan*	*Zerautzan*
Geroakozan	*Zarozkiogun* „ *zarotzagun*	*Ginaizkon*	*Geneitzon*	*Giniozkan*	. . . .
Zeroakoezan	*Zarozkiozuten* „ *zarotzatzutn*	*Zinaizkoten*	*Zeneitzoen*	*Ziniozakten,*	*Zenerautzaten*
Eroakoezan	*Zarozkioten* „ *zarotzaten*	*Zaizkoten*	*Zeitzoen*	*Ziozkaten*	*Zerautzaten*

Jusqu'a présent nous n'avons trouvé dans le N. Testament traduit par Liçarrague que : *zeraukan*, *ziezon* „il le lui avait"; et le pluriel *zeraukaten*, *ziezoten* „ils le lui avaient"; et puis, *zerautzan* „il les lui avait"; et *zietzoten*, „ils les lui avaient". Nous avons trouvé chez Larramendi (Arte p. 120) les autres personnes. Pour „nous les lui avions" il donne *guenerauzean* avec *ze* au lieu de *tz* comme signe de pluralité. Nous avons préféré laisser cette lacune.

Le à eux.

Fréq.	Auxiliaire.				
bisc.	nav. esp.	lab.	soul.	guip.	bn.
Neroakoen	*Narokaten*	*Naien*	*Neyen*	*Nien*	
Zeroakoen	*Zarokotezun*	*Zinakoten*	*Zeneyen*	*Zinien*	
Eroakoen	*Zarokaten*	*Zaien*	*Zeyen*	*Zien*	*Zerauen*
Geroakoen	*Zarokatigun*	*Ginakoten*	*Geneyen*	*Ginien*	
Zeroakoeen	*Zarokatezuten*	*Zinaieten*	*Zeneyien*	*Zienieten*	
Eroakoeen	*Zarokateten*	*Zaieten*	*Zeyien*	*Zien*	*Zerauezen*

Les à eux.

Neroakoezan	*Narozkioten*	*Naizten*	*Neitzen*	*Niezten*	. . . . . .
Zeroakoezan	*Zarozkiozuten*	*Zinaizkoten*	*Zeneitzen*	*Ziniezten*	. . . . . .
Eroakoezan	*Zarozkioten*	*Zaieten*	*Zeitzen*	*Ziezten*	*Zerauzten*
Geroakoezan	*Zarozkioguten*	*Ginaizkoten*	*Geneitzen*	*Giniezten*	. . . . . .
Zeroakoeezan	*Zarozkiotezuten*	*Zinaizteten*	*Zeneitzien*	*Zinieztéten*	. . . . . .
Eroakoeezan	*Zarozkioteten*	*Zaizteten*	*Zeitzeyen*	*Ziezteten*	. . . . . .

Le dial. guip. a *diotet* et *diet* pour „je le leur ai" et par conséquent les imparfaits *nioten* et *nien*; et pour „je les leur ai" *diozkatet* et *dieztet*, ce qui donne les imparfaits *niozkaten* ou *niezten*.

§ 7.

Observations sur l'imparfait.

L'imparfait a été formé du présent. Dans l'imparfait la lettre initiale indique le pronom-sujet. La flexion se termine toujours par *n*, ce qui donne le paradigme suivant, dans lequel il n'y a qu'à placer le présent, dépouillé de ses caractéristiques de sujet et de régime.

1re pers.	»je" *ni*		*N* — *n*
2me »	»tu" *hi*		*H* — *n*
3me »	toujours absente		— *n*
1re »	»nous" *gu*		*G* — *n*
2me »	»vous" *zu*		*Z* — *n*
3me »	toujours absente; *te* signe de pluralité		— *n*

Quelques dialectes ont *zen* et *gen* au lieu de *z* et *g*, variété que nous avons déjà remarquée en parlant de l'imparfait *nuen* ou *nenduan*, v. p. 16, et tous les dialectes, excepté le bisc. dans le fréquentatif, ont préfixé un *z* à la 3me pers. Ce *z* est jusqu'à présent un mystère. Le *h* de la 2me pers. sing. ne s'écrit jamais dans les dialectes basques espagnols.

Le présent en lab. étant *dautazu*, „vous me l'avez", *zen* ou *zin* prend la place de *d*, puisque le nominatif est préfixé; le nominatif *zu* devient *n*, ce qui donne *zinautan*, vous me l'aviez.

Le présent en bisc. étant *daroadazu*, en faisant la même opération nous aurons *zaroadan* ou *zeroadan*, puisque la voyelle primitive (ici *e*) reparaît toujours dans l'imparfait. La 3me pers. *daroat* devient donc *aroadan* ou plutôt *eroadan*, *t* converti en *d* et *a* introduit puisque *dn* ne pouvait se prononcer sans voyelle. A cette 3me pers. les autres dialectes préfixent *z*, comme nous l'avons dit, et le lab. *daut* (qui aurait fait *autan* si c'était du bisc.) devient *zautan*.

On voit que ce système est très clair et nous croyons découvrir ici une fabrication chez Zavala, qui doit avoir pour effet, à ce qu'il semble, de distinguer deux formes pareilles: *eroadan* „il l'avait à moi", trait. respect., et *eroadaan* „tu l'avais à moi", trait. famil. Plus haut nous avons démontré que *zeroadan* est formé de *z-eroa-t-a-n*. Pour indiquer que c'est la 2me pers. du traitement familier, il n'y a qu'à prendre *h* au lieu de *z*, comme notre paradigme le montre, et l'on aura *heroadan* „tu me l'avais"; ici la véritable et la seule différence est le *h*, qui s'est perdu, il est vrai, en biscaïen; au lieu de cela Zavala place dans le mot, un *a* qui n'y a rien à faire.

Une chose remarquable c'est la disparition de la caractéristique de l'accusatif „le", tant dans l'imparfait du verbe primitif que dans celui des dérivés.

Quand deux flexions ne semblent pas correspondre sous leur forme actuelle, il faut rechercher une forme moins modifiée par les caractéristiques, soit du pluriel, soit des divers régimes, ou bien examiner les différences qui se sont produites dans toutes les personnes; par exemple le bisc. *ero'en* „ils te l'avaient" et le lab. *zaukaten* paraissent deux mots tout différents et cependant ils ne le sont pas. Mais pour le prouver il faut comparer toutes les personnes. Le bisc. *neroaan* „je te l'avais" est pour *neroakan* (v. p. 10) et correspond au lab. *naukan* après la chute de *r*. La 3me pers. „il te l'avait" est *eroan* pour *eroakan;* or comme tous les dialectes, excepté le bisc., préfixent un *z* à la 3me personne, *eroakan* serait devenu *zeroakan* et correspond au lab *zaukan*, dont le pluriel est *zaukaten;* l'apostrophe de *ero'en* est pour *t*, et comme Zavala change toujours au pluriel la lettre de liaison *a* en *e*, *eroaan* est devenu *ero'en*. Maintenant nous pouvons dire que *ero'en* et *zaukaten* sont le même mot. Comp. *naizten* = *neroakoezan* p. 63; *gitik* = *gayozak*, p. 31, 33.

§ 8.

Le conditionnel de la conjugaison relative.

Le conditionnel est formé, comme toujours, de l'imparfait en suffixant *ke*, ce qui produit la chute de l'*n*, puisque *n* et *k* ne peuvent se suivre, v. Essai Ch. II.

Le verbe fréquentatif *eroan* s'est, pour ainsi dire dédoublé dans le dialecte biscaïen; *eroan* existe toujours comme fréquentatif, et son dérivé, l'auxiliaire, dont nous pourrions dire que la racine est *au*, est tout-à-fait séparé de lui. *Eroan* fait *neroan* à l'imparfait et *neroake* au conditionnel; et l'auxiliaire fait *nuen* imp. et *nuke* conditionnel. Il n'en est pas ainsi des autres dialectes; ceux-là, ne possédant pas *eroan*, ne courraient aucun risque de causer de la confusion en employant les flexions de *eroan*, presque sans altération quelconque, comme le fait le dialecte labourdin.

L'imparfait lab. par ex. *nautzun* „je l'avais à vous", pour *narotzun*, nav. (et aussi lab. selon M. Inchauspe), fait *narotzuke* „je l'aurais à vous", et correspond, comme forme, au bisc. *neroakezu* (*ke* intercalé au lieu de suffixé); seulement en biscaïen ce n'est pas l'auxiliaire, c'est le fréquentatif.

Comme nous l'avons déjà dit, nous ne croyons pas que la conjugaison relative en bisc. dérive de *eroan*; ce dialecte exprime „je l'avais à vous" par *neuntsun* (de *eutsi*), et par conséquent le conditionnel est *neunskezu*. Nous laissons donc pour le moment le dialecte biscaïen, et nous donnerons d'abord un tableau qui facilitera les comparaisons. Les condionnels du dial. nav. esp. sont pris chez Lardizabal. Larramendi ne les cite pas.

	Imparf. à moi.	Condit. à moi.	Imparf. à toi.	Condit. à toi.	Imparf. à lui.	Condit. à lui.
Guip.	*Zinidan*	*Zinidake*	*Nizun*	*Nizuke*	*Nion*	*Nioke*
	Zidan	*lidake*	*Zizun*	*lizuke*	*Zinion*	*Zinioke*
Soul.	*Zeneitan*	*Zeneikede*	*Neizun*	*Neikezu*	*Neyon*	*Neiko*
	Zeitan	*leiket*	*Zeizun*	*leikezu*	*Zeyon*	*leiko*
Lab.	*Zinautan*	*Zinarotazuke*	*Nautzun*	*Narotzuke*	*Nion*	*Nioke*
	Zautan	*lauket* ou *laroket*	*Zautzun*	*larotzuke*	*Zinion*	*Zinioke*
Nav.	*Zinarotazun*	*Zinarotazuke*	*Narotzun*	*Narotzuke*	*Narokan*	*Narokake*
	Zarotan	*Zarodake*	*Zarotzun*	*Zarotzuke*	*Zarokazun*	*Zarokazuke*

Le dialecte guip. forme le plus machinalement de tous le conditionnel de l'imparfait. Le *n* comme de raison, s'élide devant le *k*.

Le dialecte soul. au lieu de suffixer *ke*, l'intercale. Ainsi *zeneitan* ne fait pas *zeineitake*, mais *zeneikede* pour *zenei-ke-t*. L'intercalation est la règle en biscaïen, et se rencontre quelquefois en lab.; p. ex. *zautan* ou *zarotan* „il me l'avait" ne fait pas *larotake* mais *lauket* ou *laroket*, et correspond exactement au fréq. bisc. *laroaket*; et ainsi *larokezu*, lab. = *laroakezu*, bisc. De cette façon le pronom nominatif se trouve à la fin de la flexion, ce que le dialecte souletin préfère aussi en général. *Zeneitan* ne fait pas *zeineitake*, mais fait *zeneikede*, pour *zenei-ke-t*. Nous ignorons pourquoi on écrit *kede*, ce sera sans doute l'usage; mais il fallait *ket*, le *e* est de trop. Nous devons relever ici une autre irrégularité.

Dans le „verbe basque" de M. Inchauspe, on trouve p. 489 pour le dialecte lab. *laroketet* „ils le à moi". Le *t* final nous paraît une erreur. La 3me pers. du pluriel se forme de la 3me pers. du sing. en ajoutant *te*; *laroket* ou *lauket* deviennent donc *laroketle*, ce qui ne s'écrit jamais; mais bien *laroketе*, et c'est ainsi que tous les dialectes écrivent ce mot. Le bisc. a *leroakede* pour *leroakete*

Notons encore une permutation de lettres dans le verbe fréquentatif, qui pourrait embarrasser. *Neroakon* „je le lui avais" devrait former régulièrement, dirait-on, *neroakoke* ou comme le bisc. intercale *ke*, *neroakeko*; au lieu de cela nous trouvons *neroakio*; c'est à dire que comme *ko* s'écrit *yo* après les voyelles, excepté *i*, il faut *neroake-yo*, qui est devenu *neroakio*.

Les flexions pour le traitement familier en lab. et bn. nous font défaut pour l'imparfait et par conséquent aussi pour le conditionnel. Darrigol ne cite que celles qui ont rapport à la deuxième personne du singulier, p. ex. *hautan* „tu l'avais à moi". Le fréquentatif biscaïen n'a pas seulement le correspondant de *hautan* qui est *eroadaan*, mais encore *eroadanan* pour le féminin. Le labourdin paraît n'avoir développé les flexions familières que quand „tu" ou „à toi" sont employés, exactement où nous nous servons du tutoiement; p. ex. *hautan* „tu l'avais à moi"; *haukun* „tu l'avais à nous"; *hakon* tu l'avais à lui"; *naukan* „je l'avais à toi"; *zaukan* „il l'avait à toi"; etc. Du temps de Pouvreau l'emploi même de la deuxième pers. du sing. était déjà rare [1]).

[1]) Ce n'est que dernièrement que nous avons pu nous procurer la version italienne, d'après laquelle Pouvreau a traduit son »Gvdv espiritvala", Paris, 1665. Le titre en est: »Il combattimento spirituale". L'auteur parle toujours à la deuxième personne du singulier »tu"; malgré cela Pouvreau emploie toujours le traitement respectueux.

CHAPITRE VI.

L'impératif, le subjonctif, le potentiel et l'optatif.

---

§ 1.

L'impératif et le subjonctif.

Dans tous les dialectes, le radical du subjonctif est différent de celui de l'indicatif. En bisc. il est *egin*; dans les autres dialectes *ezan*. *Egin* signifie „faire"; mais jusqu'à présent la signification de *ezan* nous est inconnue. Nous ne désespérons cependant pas de la retrouver, et nous ne dirons surtout pas que *ezan* ne signifie rien; mais le sens primitif des auxiliaires est souvent si éloigné qu'on a de la peine à le retrouver. On en trouvera des exemples remarquables dans les „Chips from a german workshop". Vol. II, p. 65 du prof. Max Müller.

De *ezan* sont formés l'impératif, le subjonctif et le potentiel. *Ezak* + *k* ou *n* ou *zu* fait *ezak* (masc.), *ezan* (fém.), *ezazu* (respect.). Le *n* final se perd toujours: *beza* de *b-eza*; pour le *b*, voir dict. basq. fr. s. v. *bere*.

Les autres formes de l'impératif: *auk, aun, auzu,* „aies", et *biz,* „qu'il ait", ne sont pas très claires; il est possible qu'elles dérivent du verbe *eroan*, dont l'impératif est *eroak, eroan, eroazu* et *beroa*; mais ceci nous paraît peu probable pour le moment. Nous pouvons seulement dire une chose certaine, c'est que *auk, aun, auzu* et *biz,* signifient „aies" et „ait" par eux-mêmes, tandis que *ezak* etc. ne sont que des formes auxiliaires auquelles il faut ajouter un nom verbal; ainsi *izan ezak* „aies", *itcheki ezazu* „tenez".

Le Subjonctif.

La formation des temps du subjonctif est entièrement différente de celle l'indicatif. Les trois temps de l'indicatif (présent, imparfait, conditionnel), sont simples, comme dans nos langues, excepté que l'accusatif est exprimé; ainsi *dut* signifie „je l'ai", *nuke* „je l'aurais"; mais les temps du subjonctif sont composés, et *ezan*, comme nous l'avons dit, est l'auxiliaire qui sert à les former. Ainsi „que j'aie" se rend par *izan dezadan*, c'est à dire l'adjectif verbal avec les flexions de *ezan*; ceci n'est pas seulement le cas pour le verbe „avoir" mais pour tout autre verbe: *jan dezadan*, „que j'aie mangé". L'adjectif verbal pour exprimer „que j'aie" est *izan*, dans les dialectes bisc., guip. et lab.; il est *ukhan* dans le dialecte soul.

Nous ne nous arrêterons pas, pour le moment, à l'anomalie de l'emploi de *izan* „être" pour exprimer „avoir". On dit donc *izan dezadan* „que j'aie"; *galdu dezadan* „que je perde". Nous traduirons toutes les flexions de *ezan* par „avoir"; ceci nous dispense de répéter *izan*, ou d'écrire un *x* ou tout autre signe conventionnel pour indiquer la racine *ezan*. Ainsi *dezadan* composé de *d-eza-t-n*, sera traduit par: que-je-aie-le; pour être exact il aurait fallu: que-je-racine, ou *-eza* ou *-x*-le.

Le mécanisme de la conjugaison reste le même, qu'il s'agisse du subjonctif ou de l'indicatif. La racine est toujours au milieu, l'accusatif est préfixé et le pronom nominatif est suffixé. Comme *dut* est composé de *d-u-t*, ainsi *dezadan* est formé de *d-eza-t-n*, „que-je-aie-le; le *t* devient *d*, comme toujours et la voyelle de liaison *a* est intercalée afin de pouvoir prononcer *d-n*. Le *n* est la conjonction „que" et est quelquefois remplacé par la conjonction *la*, qui signifie aussi„ que"; *dezat* + *la* fait alors *dezadala; d* pour *t* et *a* intercalé.

L'imparfait est formé comme l'imparfait de l'indicatif; le nominatif est préfixé et comme *ezan* se termine déjà par un *n*, il n'est pas nécessaire d'ajouter cette lettre; ainsi: *nezan* pour *n-ezan*; *hezan* pour *h-ezan*, etc.

Les deux temps du subjonctif sont les mêmes dans les dialectes guip., lab. et soul. La 3me pers. plur. du présent en soul. est *dezén* au lieu de *dezaten*.

A la page 37 nous avons indiqué sommairement la formation du subjonctif de la conjugaison absolue. Avant d'aller plus loin nous aimerions parler de la conjonction *n*.

Le *n* du subjonctif nous paraît être la conjonction *non*, et non pas une lettre adventice, comme le croit M. Vinson (v. Revue de linguistique, vol. v. p. 215), qui a adopté l'explication du Pce Bonaparte. Les lettres adventices, euphoniques, etc. disparaissent généralement après un examen attentif. Cet *n* est employé indifféremment pour *la*; p. ex. *Edozeñek daki, errazago dana gauzia, esaten, egiten baño*, Moguel, *Echeko escolia*, p. 19; ou bien en guip. *gauza egiten baño esaten errazago dala, edozeñek daki.* Arrue, maître d'école à Zarauz. Chacun sait qu'il est plus facile de dire une chose que de la faire. *Dana* = *dala*, que (conjonct.) il est.

Nous avons déjà parlé dans notre dictionnaire (voir l'article N) de l'analogie remarquable de la langue basque avec plusieurs autres langues, dans lesquelles le pronom relatif et la conjonction sont exprimés par le même mot. *Dana*, que nous venons de citer, signifie dans cette phrase „*que* il est"; mais peut tout aussi bien signifier; „celui, ou ce *qui* est". Comme nous l'a fait remarquer M. Sayce, il a été prouvé par Philippi et Windisch, pour les langues sémitiques, et par Jolly, pour les langues aryennes, que le pronom relatif et la conjonction dérivent du démonstratif et que, par exemple „je crois qu'il viendra" équivaut à: „je crois cela, il viendra". — L'identité de forme existe donc en basque, comme dans les autres langues; la conjonction et le pronom relatif sont rendus par *n*.

La conjonction *n* ne s'unit pas toujours au mot qui précède, et dans ces cas là, la forme pleine *non* reparaît; p. ex. *alako* *moduan non*, „de telle manière que". *Hain bertze dira non*, „il y en a tant que". Il faut donc conclure que le pronom relatif était aussi *non*, et que primitivement la phrase était: *ikusten det non gizona*, au lieu de *ikusten dedan gizona*, „l'homme que je vois" *). *Erosi du non liburua* au lieu de *erosi duen liburua*, „le livre qu'il a acheté. Nous ne croyons pas qu'il y ait une seule objection à faire à cette hypothèse, qui explique en même temps le pronom relatif et la conjonction *n*, tous les deux si mystérieux en basque. Mais pour que la démonstration soit complète il faut trouver l'origine, c'est à dire le démonstratif primitif, et nous le retrouvons sans la moindre altération dans *non* „où". Il n'est pas nécessaire de chercher bien loin pour trouver des analogies pour l'emploi de „où" comme un relatif. Nous aimons toujours à citer une de nos langues modernes, afin de prouver que le basque n'est pas si extraordinaire. En français p. ex. „où" est tantôt adverbe et tantôt pronom relatif: „Libre du joug superbe où je suis attaché". Racine, Iph. act I. sc. I. (v. Gram. des gram. p. 240). En prose on dirait „auquel". La locution vicieuse „c'est là où, au lieu de „c'est là que", nous paraît indiquer aussi l'étroite parenté des deux mots. Massillon s'est servi de cette locution, qu'on considère de nos jours comme vicieuse. Voir Littré, s. v. là. On peut encore comparer le holl. „waar" (où) et „daar" (là); de même en anglais: where et there.

Un dernier résultat de nos recherches, c'est que nous retrouvons probablement par la même occasion, l'origine du locatif

---

*) La différence entre *det non* et *dedan* est beaucoup moins grande qu'on ne serait tenté de le croire au premier abord, puisque *dedan* est au fond *det* + *n*; c'est seulement par suite de l'agglutination que le *t* final devient *d*, et que *dn* ne pouvant être prononcés, il a fallu introduire la voyelle de liaison *a*. *Du* + *n* fait *duen* en guip. et *duan* en soul.; mais *dut* + *n* fait régulièrement *dudan*, en soul. Quand *du* est suivi de *la* en soul. nous le voyons aussi devenir *dia* et ainsi *diala*. Nous n'avons pu découvrir pourquoi il y a une voyelle d'intercalée après une voyelle. On dirait que *du* + *n* pourrait faire *dun*. Il se pourrait que *du* fût primitivement *due* et que le *e* reparut ici.

n, qui aura été primitivement un démonstratif. Cette découverte de l'origine du pronom relatif et de la conjonction est doublement remarquable en ce qu'elle rapproche la langue basque des autres langues, ce qui lui fait perdre de plus en plus ce caractère exceptionnel qu'on croyait y découvrir, et ensuite en ce qu'elle nous montre la langue basque, expliquant de son propre fonds ce mystère grammatical.

Nous ignorons si l'on peut citer d'autres langues où le démonstratif primitif existe simultanément avec ses dérivés, le pronom relatif, la conjonction et le suffixe indiquant le locatif, et sans que ces derniers aient autrement souffert que par la contraction, et encore seulement dans quelques cas où *non* est devenu *n*; car *non* conjonction existe toujours.

Il reste bien peu à dire du subjonctif de la conjugaison relative; il est le même dans les dialectes guip., lab., soul. et bn. Les différences sont insignifiantes; ainsi le soul. dit *dezén* au lieu de *dezaten* „qu'ils aient" ; et *dizadén* pour *dizadaten*; ces formes sont donc beaucoup moins corrompues que ce n'est généralement le cas dans ce dialecte. La composition des flexions du subjonctif est tout aussi transparente que celle des flexions de l'indicatif; p. ex. *dezadan* est formé de *d-eza-t-n*, que-je-aie-le; *dizadazun* de *d-eza-t-zu-n*, que-tu-me-aies-le; *dizayodan*, g. *dezodan*, l. *dizodan*, soul. de *d-eza-yo-t-n*, que-je-lui-aie-le, toujours en lisant à rebours. Le lab. et soul. ont perdu le *a* de la racine dans le dernier exemple.

§ 10.

Le Potentiel.

On pourrait dire que le potentiel n'est autre chose, comme forme, que le conditionnel du subjonctif. Le radical du subjonctif est *ezan*, et le présent du potentiel fait *dezaket*, (*d-eza-ke-t*) „je puis l'avoir" [1]). Le *n* de *ezan* est élidé puisque *n* et *k* ne peuvent se suivre; v. Essai, Ch. II.

La formation des temps du mode potentiel est pareille à celle du mode indicatif. Le potentiel a trois temps; le présent, l'imparfait et le conditionnel. Comme dans l'indicatif, le présent a l'accusatif (*d*) préfixé, la racine au milieu, et le pronom sujet suffixé: *d-eza-ke-t*. L'imparfait se forme du présent, toujours comme dans l'indicatif; *nezakean* „je pouvais l'avoir", et le conditionnel se forme de l'imparfait: *nezake*, etc. en retranchant le *n* final, sans cependant ajouter *ke*, comme pour le conditionnel.

Ezan est le radical ordinaire du potentiel dans les dialectes guip., lab., soul. et nav., le dialecte biscaïen, en a un autre, dont nous parlerons plus tard.

Les dialectes bas-navarrais et souletin ont en outre du potentiel, formé de *ezan*, un potentiel formé du fréquentatif *eroan*. Maintenant que nous connaissons la véritable origine de l'auxiliaire, les formes mystérieuses, comme *niro*, etc. s'expliqueront facilement. Le présent du conditionnel de *eroan* est *neroake*, „j'aurais habituellement", et est devenu le conditionnel du potentiel en soul. et bn., sous la forme *niroke*. Ce *niroke* correspond à *nezake* des dialectes guip. et lab. et aussi soul. et bn. qui ont les deux formes *niroke* et *nezake*, pour dire „je pourrais l'avoir".

Fréquentatif biscaïen.	Auxiliaire. bn. (Salaberry, p. 248)	Soul (Inch., p. 301).
Présent du Condit.	Conditionnel du Potentiel.	
Neroake	*Niroke*	*Niro* ou *nioke*
Eroakek, eroaken	*Hiro*	*hioke*
Leroake	*Liro*	*Liro* ou *lioke*
Geroake	*Gindiro*	*Giniro* » *ginioke*
Zeroakee	*Zindirote*	*Zinokeye*
Leroakee	*Lirote*	*Liroe* » *liokeye*

[1]) Il va sans dire que *al* ou *ahal*, que Lardizabal, Salaberry etc. placent en tête de ces flexions, n'a absolument rien de commun avec elles.

Que le conditionnel sert à exprimer en même temps le potentiel se trouve confirmé dans les „Etudes gram. de Chaho" où *niro*, etc. est rendu par „j'aurais et je pourrais". Dans le verbe de M. Inchauspe, p. 324 on trouve le suppositif ou conditionnel du potentiel rendu par *nezake*; *eskent nezake*, je pourrais offrir. Cette forme ajoute l'auteur est la même que le conditionnel.

Le présent du conditionnel de *eroan*: *neroake*, etc. est parfaitement régulier; il est formé de l'imparfait *neroan* [1]), en suffixant la syllabe *ke*, ce qui fait tomber, selon les lois phonétiques le *n* final; v. Essai, Ch. II. De même l'imparfait *neroakean*, formé, comme tous les imparfaits, du présent. *Neroake* etc., devenu *niroke* etc. en bn. et soul., a pris la valeur du conditionnel du potentiel „je pourrais", et le présent du potentiel a été exprimé par *dioket* ou *dirot* qui correspond à *dezaket*, „je puis l'avoir" des autres dialectes, et aussi du soul. qui a les deux formes. Ceci nous donne le tableau suivant.

POTENTIEL.

Présent.

guip. lab. et soul.	soul. et bn.	
Dezaket	*Dirot*	*Dioket*
Dezakek, *dezaken*		*Diokek*, *dioken*
Dezake	*Diro*	*Dioke*
Dezakegu	*Dirogu*	*Diogu*
Dezakezute	*Dirozie*	
Dezakete	*Diroé*	*Diokeye*

Ce présent *dirot* ou *dioket* (pour *diroket*) est formé comme tous les présents *d-iro-ke-t*, je - *ke* caract. du potentiel ou

[1]) Zavala, qui donne *neroian* pour l'imparfait, devrait donner *neroiake* pour le conditionnel. Jusqu'à preuve du contraire nous tenons cet *i* pour une erreur. Voir page 14.

conditionnel *iro*-le. Cette forme doit s'être développée plus tard, sur le modèle *niroke.* Le conditionnel du primitif *eroan* (*neroake*) pouvait donner un conditionnel du potentiel, mais non pas un présent; sa forme, qui dérive de l'imparfait, s'y oppose. Pour le présent il fallait avoir l'accusatif (*d*) préfixé, et le pronom sujet suffixé; et c'est ainsi qu'on a formé *d-iro-ke-t*, *diroket*, qui est devenu dans un dialecte *dirot*, en perdant la caractéristique du conditionnel, et dans un autre *dioket*, en conservant le *ke*, mais en perdant le *r*. Ces deux variantes se corroborent réciproquement.

Le dialecte bas-navarrais a développé plus au complet cette conjugaison, dont on pourrait dire que *iro* est le radical. On en trouve quelques flexions mêlées, dans le vocabulaire de Salaberry, page 247, et qu'il attribue au verbe *ahal*, ce qui produit une grande confusion, puisque *ahal* est un substantif, et que les flexions dérivent de *eroan.* Nous trouvons ces flexions aussi dans le N. Testament de Liçarrague. Comme *dirot* est *d-iro-t* „je puis le", de même *hiroket* est formé de *h-iro-ke-t* „je puis te"; *nirok* de *n-iro-k* „tu peux me"; p. ex. *bere burua ecin empara diro.* Matth. XXVII : 42. „Il ne peut se sauver lui-même." *Chahu ahal nirok*, Matth. VIII : 2. „Tu peux me nettoyer. Salaberry écrit par erreur pour cette dernière flexion *niroket.*

La question se présente naturellement pourquoi ces deux formes, celles qui dérivent de *eroan*, et celles qui dérivent de *ezan*, existent simultanément si elles n'offrent aucune différence. Il n'est pas probable que ce fût le cas primitivement, et il nous semble, autant que nous pouvons en juger par les quelques exemples trouvés chez Liçarrague, que cet auteur se sert de la forme en *iro* pour le traitement familier et de celle qui dérive de *ezan* pour l'autre traitement. Dans l'exemple cité (*nirok*), c'est le traitement familier; dans l'exemple qui va suivre c'est le traitement respectueux ou indéfini. .... *eta arima ecin hil deçaquetenen*, Matth. X : 28, et qui ne peuvent tuer l'âme. J. C. parle ici en général, d'une façon indéfinie, de ceux qui ne peuvent tuer l'âme.

Nous avons dit que le présent du potentiel était, comme forme, le conditionnel du subjonctif. De ceci il résulte que chaque conjugaison forme son potentiel de son subjonctif. Ainsi le présent du subjonctif avec l'accusatif „me" inhérent est *nazazun*, g. (que vous me), *nezazun*, soul.; par conséquent le potentiel est *nazazuke* ou plutôt *nazakezu*, g. et *netzakezu*, soul.

Le présent du subjonctif avec deux régimes inhérents par exemple: „me le", est *dizadazun*; le potentiel est donc *dizadazuke* ou *dizadakezu* g. et *dizakedazu*, soul. L'imparfait qui est formé du présent fait par conséquent: *zinizadakean*, g. et *zinizakedan*, soul. „vous me le pouviez". Afin de se rendre bien compte des temps dérivés, il faut remonter à la forme primitive; dans ce cas-ci au présent du subjonctif, qui est: *dizadazun* pour *d-iza* (pour *eza*) - *t-zu-n*, „que vous me puissiez le". Le *t* devient *d* et la voyelle de liaison *a* est intercalée: *d-iza-da-zu-n*, dont dérive le prés. du potentiel *d-izada-zu-ke*, dont dérive l'imparf. du potent. *z-n-iza-da-ke-a-n*. Voir la formation de l'imparfait p. 14 et 64.

Le dialecte soul. comme l'on voit a composé un peu différemment la flexion. Au lieu de dire comme le guip. *dizadakezu* (*d-iza-t-ke-zu*), il dit *dizakedazu* (*d-iza-ke-t-zu*).

Le dialecte biscaïen n'a pas formé le potentiel comme les autres dialectes, c'est à dire, du subjonctif. Comme nous l'avons dit les dialectes guip., lab., soul. et nav. ont fait le potentiel *dezaket*, etc. de *ezan*; mais le bisc. n'a pas pris *egin*, (dont il a formé son subjonctif) pour thème du potentiel; il dit: *dait*, *daizu*, *dai*, etc. Pour expliquer ces flexions il faut d'abord examiner le potentiel du verbe *izan*.

Le subjonctif et par conséquent le potentiel du verbe *izan* sont formés de *adin*. Voir le verbe *izan*.

De *nadin*, est formé *nadike* ou *naditeke*, dont le *d* s'est perdu, ce qui donne la forme usuelle *naike* ou *naiteke* „je puis être". *Nadike* ou *naditeke* doit avoir été la forme primitive, dont nous retrouverons à l'instant la métathèse *nitake*.

Un dialecte a comme caractéristique du conditionnel ou potentiel, ce qui revient au même, la syllabe *te*, un autre *teke*. En soul. on dit *nintzate*, *hintzate*, *litzate*, etc.; en bisc. *nintzateke*, *intzateke*, *litzateke*, etc.

Le guip. seul a conservé *teke* comme terminaison du potentiel: *naiteke*, etc. „je puis être". Les dialectes bisc. et soul. ont *te*: *naite*. Le soul. a encore une variante, qui est *nitake*, méthathèse de la forme primitive hypothétique *nadike*; ces deux formes se corroborent réciproquement. Le radical du potentiel bisc. actif est donc *adin*; après la chute du *d*, *ain*, et après la chute régulière de l'*n* final, *ai*. Cet *ai* est traité comme toutes les autres racines verbales, et pour exprimer le verbe actif, il a fallu préfixer *d* et suffixer le nominatif; ce qui a donné *d-ai-t* ou *dait*; *d-ai-zu* ou *daizu*; *d-ai* ou *dai*, etc. „je le puis" etc. La forme en *ke*, qui correspond à *dezaket*, „je puis l'avoir" etc. des autres dialectes est *daiket*, *daikezu* etc. et est appellée par Zavala, verbo vizc. p. 121, présent ou futur.

Nous croyons découvrir ici, comme l'on voit, un radical à deux fins, la marotte des grammairiens basques, mais seulement pour le dialecte biscaïen. Ce radical *ai*, avec le sens de „pouvoir", conjugué de la manière des verbes intransitifs, servira comme auxiliaire des verbes intransitifs: *etorri naite*, „je puis venir"; conjugué de la manière des verbes transitifs, il servira comme auxiliaire des verbes transitifs: *emon dait*, „je puis le donner".

Nous avons traduit plus haut *dezaket* par „je puis l'avoir", seulement pour indiquer que ces flexions appartiennent au verbe avoir; comme nous l'avons dit, en parlant du subjonctif, le sens de *ezan* nous est inconnu jusqu'à présent. Il serait plus correct (quoique pas entièrement) de rendre le potentiel par „je puis", „tu peux" etc. Aussi longtemps que nous ignorons la signification de *ezan* une traduction exacte est impossible.

§ 11.

L'optatif.

La racine *adin* contractée en *ai*, nous explique aussi, croyons nous, la forme de l'optatif dans les dialectes basques français: *ainu*, *aihu*, *ailu*, etc. L'hypothèse que nous avons proposée dans notre dictionnaire, savoir que *ai* dériverait de *al* est insoutenable. Le *l* de la 3me personne (*ailu*, *aileza*) nous a induit en erreur.

Peut-être faudra-t-il voir dans *adin* le même mot que *adin* „entendement", dont dérive le verbe *aditu*, bisc. *aitu*. Dans ce nom verbal nous observons la même chute des deux lettres *d* et *n*, que nous avons signalée plus haut. *Adin*, „entendu" pourrait avoir pris la même signification que „entendu" en français, c. a. d. vouloir. „J'entends qu'il le fasse = je veux qu'il le fasse". *Adin* contracté en *ai* pourrait ainsi avoir la valeur d'un impératif, et *ai* ou *adi-neza*, serait „veuille que j'eusse", et s'écrirait en un mot *aineza*, ce qui est exactement sa forme actuelle.

OPTATIF.

Présent.	Futur.
Ainu	*Aineza*
Aihu	*Aiheza*
Ailu	*Aileza*
Aikunu	*Aikeneza*
Aitzunu	*Aitzeneza*
Ailie	*Aileze*

Le présent est formé de l'imparfait ou si l'on veut du conditionnel, en perdant la terminaison; le futur est formé de l'imparfait du subjonctif en perdant le *n* final.

La chute de la finale, soit consonne, soit voyelle, n'est pas un cas rare en basque; il s'en trouve d'autres exemples dans le verbe; p. ex. quand *ba* „si" précède: *banu*, *bau*, „si j'avais" etc. *baneza* „si j'avais", en esp. si habiese. On dit généralement *dira* pour *dirade* „ils sont".

Il serait superflu de citer les autres flexions de l'optatif qui sont les mêmes que celles du temps dont elles dérivent.

Tous ce qui précède prouve que les différentes flexions de l'auxiliaire qui correspond à „avoir" n'ont rien de commun avec *iduki*. Ce nom verbal signifie „tenir", et est employé pour „avoir" et sous ce rapport correspond exactement à „tener" en espagnol.

CHAPITRE VII.

LE VERBE AUXILIAIRE *izan*.

§ 1.

Observations préliminaires.

Le verbe auxiliaire qui correspond à „être" se laisse moins bien analyser que celui qui correspond à „avoir"; du moins le présent de l'indicatif a absolument résisté jusqu'à ce jour à toute tentative d'explication. Pour ceux qui, comme M. l'abbé Inchauspe et M. le capitaine Duvoisin, considèrent que *dut* est une modification de *niz* (ou *niz* de *dut*, peu importe dans une théorie si élastique), les terminaisons du verbe *izan* n'offrent aucune difficulté. Cette théorie est entièrement commode puisqu'elle dispense de toute étude, n'ayant rien sur quoi s'appuyer. Ce n'est qu'une assertion pure et simple, et nous avons vu ce qu'elle vaut. Cependant ce n'est pas faute d'hypothèses, que l'on en est toujours à se demander comment est formé l'auxiliaire *izan*. M. Vinson et M. de Charencey ont discuté cette question assez longuement dans la Revue de linguistique, vol. V, 190; VI, 238—253; 337—351; VII, 99.

Chacun des auteurs défend sa théorie, qui ne porte que sur les deux temps de l'indicatif, par des arguments et des hypothèses passablement risqués.

Il serait désirable, afin de ne pas se perdre en conjectures, dans une question si peu claire, de ne citer autant que possible, que des faits certains, ou de ne pas attacher trop d'importance à de pures hypothèses. On ne peut faire aucune objection à des rapprochements qui semblent, au premier abord impossibles; p. ex. *naizten* ou *neroakoezan*, qui ont la même origine, v. page 63; ou bien *eroen* et *zaukaten*, v. p. 65, où l'on trouvera encore d'autres exemples; mais toutes les formes intermédiaires, ou à peu près toutes, sont là pour nous guider. Il ne nous semble pas qu'on puisse dire la même chose des hypothèses qui ont été avancées pour expliquer le verbe *izan*. Pour M. Vinson *iz* est la racine de tout le verbe, ce que nous croyons aussi et la conclusion de sa théorie est qu'il admet une forme primitive hypothétique pour le présent: *niz, kiz, diz, gizaz, zizaz, dizaz*. Ceci rappelle un peu le présent de l'indicatif du même verbe en espagnol: somos, sois, son. C'est très régulier, mais „sois" est un barbarisme, admis il est vrai; mais qui nous induirait en erreur sur le terrain de l'étymologie, si nous n'avions le latin pour nous guider. Nous ne voulons qu'avertir du danger, sans rien décider de la possibilité de ces formes. Il nous semble cependant qu'elles sont très hasardées; d'autant plus qu'elles sont obtenues en vue d'expliquer, non seulement le présent, mais encore l'imparfait; or il se pourrait que ces deux temps n'eussent rien de commun l'un avec l'autre. L'imparfait français „j'étais" est formé de „être", comme „mettais" de „mettre"; tandis que le présent dérive du latin (V. gr. de M. Brachet p. 193); et en outre, il n'est pas absolument nécessaire de considérer le présent de l'indicatif comme le temps primitif dont se forme l'imparfait. Il paraîtrait plutôt que l'aoriste a existé dans beaucoup de langues avant le présent. Selon M. Sayce (Principles of comparative philology, p. 277), l'aoriste est le plus ancien temps.

Mais encore l'accumulation d'hypothèses pour expliquer le présent est telle, qu'il nous est difficile d'accepter cette théorie. La 3me personne *da*, par exemple, aurait été *daz*, puis *daiz*, puis *diz*. Cette 3me pers. *da* ne s'explique pas non plus par l'autre théorie, reprise par M. de Charencey, savoir que le pronom personnel suivi du suffixe *z* aurait formé les flexions du présent du verbe „être" : *ni-z*, *hi-z*. M. de C. croit que *da* est un emprunt fait au breton (v. Revue de ling. v. 392), à quoi M. Vinson répond et avec raison, croyons nous, pourquoi pas le breton du basque? De pareilles hypothèses ont peu d'utilité; il est aussi facile de les offrir que de les combattre. Comme nous l'avons dit, nous aimerions voir banni de ces discussions des assertions qui ne font qu'embrouiller la question, puisqu'elles n'ont aucun caractère de probalité, et quelquefois de possibilité. Deux assertions dont M. de Charencey voudrait appuyer sa théorie sont plus que hasardées. Dans la Revue de ling. vol. VI, p. 340, nous lisons que *iz* a le sens de: par, et que *ukha* signifie litt. in manu, pour: „avoir". Nous croyons que *iz* ne signifie jamais „par"; ni *ukha* *) „in manu".

---

*) La forme sous laquelle M. de Charencey cite *ukhan*, nous engage à reproduire une note de notre Essai, page 59. La forme des substantifs verbaux *jate*, *emate*, ne suffit pas à faire conclure à des radicaux *ja* et *ema* (au lieu de *jante* et *emante*); le radical serait *jan*, qu'encore le subst.-verbal devrait être *jate* et *emate*, puisque *n* s'élide devant *t*.

La théorie du P^ce^ Bonaparte, qui explique le verbe *izan* par une formule de dogmatique chrétienne, ne paraît pas tout à fait à sa place dans une discussion philologique.

C'est sans doute une lacune regrettable dans notre tentative d'explication du verbe *izan*, que nous ne sachions rien dire du présent de l'indicatif; mais pour une langue absolument isolée comme le basque, il n'est pas étonnant d'y rencontrer des difficultés, peut-être insurmontables. Aurions nous l'explication du présent de l'indicatif de l'auxiliaire en français sans le latin? Nous ne désespérons cependant pas de trouver un jour le mot de l'énigme; mais pour le moment il faudra nous résoudre à avouer notre ignorance et à tâcher d'expliquer les autres temps.

§ 2.

L'imparfait de l'indicatif.

Ce qu'on peut dire, croyons nous, avec certitude, c'est que la racine de *izan* est *iz*; elle se trouve, comme pour tous les autres verbes réguliers, dans l'impératif: *biz*, „soit" de *b-iz*. Pour *b* voir *bere*, dict. basq. fr. L'imparfait paraît donc être formé comme l'imparfait des autres verbes; c'est à dire, que la racine est au milieu, le pronom sujet préfixé, et l'*n* caractéristique suffixé; comme *izan* finit déjà par *n*, il n'est plus nécessaire de suffixer cette consonne. Ainsi *ni--izan*, etc. „j'étais" etc. Nous trouvons ces flexions avec les modifications suivantes en biscaïen.

Forme primitive hypothétique.	Forme biscaïenne.
Ni — izan	*Ninzan*
Hi — izan	*Inzan*
izan	*Zan*
Gu — izan	*Gintzen*
Zu — izan	*Zintzen*
izan	*Ziran*

Nous retrouvons dans l'imparfait le même *n* mystérieux (intercalé entre *i* et *z*), qui se trouve aussi dans l'imparfait de l'autre auxiliaire, et qui, quoique mystérieux, n'a aucunement diminué l'exactitude de notre théorie; voir p. 16. La 1re et la 2me personne sont donc régulières. La 3me pers. offre une petite irrégularité qui s'explique sans difficulté. Par analogie, et pour-être régulière, elle aurait dû être *zizan*, puisque généralement la 3me pers. a comme initiale le *z*; cependant il y a quelques verbes réguliers qui ont perdu le *z* de la 3me pers. (voir la note pag. 24) et entr'autres l'auxiliaire bisc. Le *i* devenu initial n'a pas pu se maintenir, à ce qu'il paraît, non seulement ici, mais non plus dans l'imparfait de la conjugaison relative. Nous trouvons la preuve de la chute de l'*i* dans le conditionnel qui est formé, comme toujours, de l'imparfait, et dans lequel nous le retrouverons.

Il est moins aisé à dire comment la 3me pers. du pluriel est devenue *ziran*. Comme toutes les 3mes pers. du plur. sont formées des 3mes pers. du sing., il faudra admettre que *ziran* est formé de *zan*, pour *izan* ou peut-être *zizan*; mais pour le moment nous ne voyons pas que ceci donne aucun résultat satisfaisant; la mutation de *z* en *r* est inexplicable.

La 1re et la 2me pers. du plur. ont *tz* au lieu de *z*; mais cette orthographe n'a qu'une importance secondaire; d'abord le soul. écrit déjà au singulier *nintzan* et *hintzan*, et ensuite, le groupe *tz* est très-souvent rendu par *z*, ou *z* par *tz*; comparez *entzun* = *enzun* et un grand nombre d'autres mots. La voyelle *a* est devenue *e* en biscaïen et c'est ainsi que Zavala indique toujours le pluriel dans les flexions du verbe. Le *z* s'est perdu dans la 1re pers. du pluriel dans tous les dialectes, excepté en bisc. *Gintzen*, bisc. (pour *gintzan* ou *ginzan*) est *giñan* en guip. *ginen* en lab. et soul. Cette corruption de la forme primitive ne se retrouve pas dans la 2me pers. du plur. Nous savons que la 2me pers. du sing. est au fond la 2me pers. du pluriel; or elle est *zintzan* en bisc. et correspond à *hinzan* pour le sing. La flexion est de nos jours *zinaten*, guip. ou *zinien*, soul.; mais il n'en est pas moins probable qu'elle était primitivement formée de *zu* + *izan*; *zinaten* est le pluriel d'un pluriel.

On peut dire que le *n* final de l'imparfait n'a pas encore été expliqué d'une façon satisfaisante jusqu'à ce jour. Nous regrettons de ne pas pouvoir nous ranger à l'opinion du P^ce^ Bonaparte et de M. Vinson qui considèrent cette lettre comme adventice, v. p. 17. Quand bien même il n'y aurait rien de mieux à proposer, il nous paraît qu'il y a trop d'objections à faire à cette théorie, pour pouvoir jamais l'admettre. Le principal appui lui est déjà enlevé, quand on sait que le *n* dans *zuela* est élidé selon les règles de la phonétique basque (v. Essai, Ch. II), et que le *n* final du subjonctif est la conjonction „que". Cette théorie devient donc très fragile et c'est uniquement aux flexions exceptionnelles de deux sous-dialectes à la soutenir. Nous ne voyons pas comment-elles y réussiront. Tous les imparfaits de tous les verbes dans tous les dialectes, excepté l'aezcoan et le haut-navarrais méridional, ont pour finale un *n*. Ces deux dialectes, qui n'ont aucune littérature, autant que nous sachions, auraient donc conservé la forme primitive, et les autres ne possèderaient plus qu'une forme corrompue; et ce qui est plus étonnant encore c'est que, comme d'un commun accord ou sur un mot d'ordre, ils auraient tous adopté la même irrégularité; ils auraient tous suffixé un *n* inutile comme l'appelle M. Vinson. Il ne nous semble pas que ce soit admissible; la chute de l'*n* final, est un phénomène très-fréquent en basque et suffirait déjà à expliquer sa disparition; de plus nous croyons que les lettres „inutiles" ne le sont qu'autant que nous ne pouvons pas les expliquer.

La faiblesse de cette théorie ressort encore davantage, quand on se demande comment-elle s'est produite. Il est plus que probable qu'on ne s'est pas demandé d'où le *n* provient, et c'était là la question; mais la forme aezcoane s'est présentée par hasard, et appuyée par deux autres cas, que nous avons prouvé être inexacts, le *n* a été déclaré superflu.

Mais le dernier coup et qui tue la théorie, c'est que, quand même le *n* serait adventice dans des verbes comme *erabilli*, qui fait *nerabillen* de *n-erabilli*, il ne peut l'être dans des verbes qui se terminent par *n* comme *izan*, *egin*, etc. Et encore admettons un moment que *ze* soit la forme primitive pour *zen*, alors comment expliquer la première personne *nintzen*? Qu'est ce que *ze*? d'où vient *ze*? De *izan*? Et comment? Toutes ces questions restent sans réponse. La stérilité d'une pareille découverte, qui n'explique (?) qu'une seule flexion aurait dû avertir qu'on faisait fausse route.

L'hypothèse que nous proposons, sous toute réserve, est celle-ci. L'idée abstraite d'un temps passé, éloigné, a pu être exprimé par un mot qui indique l'éloignement dans l'espace, et le mot le plus propre à remplir cette fonction, était peut-être le démonstratif „là" *an*. Ainsi „je voyais" a été rendu par *nekusan*, de *ni-ikus-an*, „je-voir-là".

Si M. Vinson a adopté l'explication donnée par le P^ce^ Bonaparte de l'*n* final de l'imparfait (v. Revue de ling. vol. V, p. 215), il paraît ne pas envisager *ze* comme la forme primitive, car dans la Revue, vol. VI, p. 251, M. V. s'exprime ainsi: „Et il résulte du tableau précédent (tableau dressé par „le P^ce^ B.), que la 3me pers. imp. ind. sing. pure et primi- „tive était *ziz*, d'où l'on a fait plus tard *zitz*, puis *zitzen*, dont „la syllabe *zen* est la seule restée.... Il convient donc d'ana- „lyser *nintzen*, *n-intz-e-n*, „je-être-euph.-adv." On voit que pour M. Vinson, *zen* se trouve, généalogiquement parlant, au quatrième degré; pour le P^ce^ B. au premier. Le mélange des deux théories à plutôt contribué à embrouiller qu'à éclairer la question.

§ 3.

Le conditionnel.

Le conditionnel est formé, comme toujours, de l'imparfait en ajoutant *ke*; et puisque *n* et *k* ne peuvent se suivre, le *n* a été élidé; voir Essai, Ch. II. Le dialecte soul. ajoute *te* au lieu de *ke*; *n* tombe aussi devant *t*, v. Essai.

Imparf.	Conditionnel.		
guip.	guip.	bisc.	lab.
Nintzan	*Nintzake.*	*Nintzateke*	*Nintzate*
Intzan	*Intzake.*	*Intzateke*	*Hintzate*
Zan	*Lizake*	*Litzateke*	*Lizate*
Giñan	*Giñake*	*Gintzatekez*	*Ginate*
Ziñaten	*Ziñateke*	*Zintzatekez*	*Zinateye*
Ziran	*Lirake*	*Litzatekez*	*Lirate*

Pour le dialecte lab. on trouve les formes suivantes, selon le „Guide ou Manuel de la conversation, etc. Bayonne, 1861", et selon M. Inchauspe.

M. Inchauspe.	Guide.	
Ninteke	*Ninteke* ou	*Nintzateke*
Zintezke	*Hinteke*	
Laiteke	*Liteke*	
Gintezke		*Ginakete*
Zintezkete		*Zinatezkete*
Litezke		*Litazkete*

La 2me pers. est *hintzateke*; la 3me *litzateke*; elle ne sont pas citées dans le „Guide". Cette variété appartient au bisc. Il y a ici un peu de confusion. Nous verrons tout à l'heure que les flexions *ninteke* etc. forment le conditionnel du potentiel, et dérivent d'un autre radical. M. Inchauspe donne ces flexions, non seulement pour le dialecte lab. dans lequel on a confondu, à ce qu'il paraît, les deux formes différentes, mais encore pour le guipuzcoan et le biscaïen, ce qui est une erreur. Larramendi et Zavala donnent le conditionnel que nous citons *nintzake* et *nintzateke*, et avec raison, puisque l'autre temps, comme nous venons de le dire, est un temps du mode potentiel. Comme une addition nous trouvons dans le „Verbe basque" à la page 503, la forme lab. suivante *Nintake, hintake, litake, ginake, zinateke, lirake*; elle doit correspondre au conditionnel, et serait par conséquent une troisième variante, (dans laquelle le *z* se serait perdu) savoir: les deux données par le „Guide" *ninteke* et *nintzateke*, et celle-ci *nintake*. Jusqu'à preuve du contraire, nous tenons cette forme du conditionnel, comme appartenant au potentiel, sans nous soucier si l'usage en a sanctionné l'emploi comme un conditionnel. L'erreur était facile à faire, puisqu'on ne connaissait pas le thème du verbe, et *nintake* est si près de *nintzake* qu'on s'y est trompé; l'emploi et la forme de la flexion concourraient à rendre la confusion inévitable. Le conditionnel *nintzate* ou *nintzateke* dérive régulièrement de l'imparfait *nintzan*, et *ninteke* (pour *nintake*), conditionnel du potentiel, dérive régulièrement de *adin*. *Adin* a donné le potentiel présent *nadike*, par hyperthèse *nitake*, d'où l'imparfait *nintakian*, d'où le conditionnel *nintake*; voir-ci après le paragraphe sur le potentiel.

On aura remarqué ici la même variété dans la terminaison des flexions du conditionnel, que nous avons signalée pour le conditionnel de l'autre auxiliaire; un dialecte a *te*, l'autre *ke*, un troisième *teke*. Le *i* radical reparaît ici dans la 3me pers. et vient à l'appui de notre hypothèse qu'il s'est perdu dans l'imparfait; d'ailleurs la chute de *i* initial n'est pas un fait isolé. *Zan* est donc devenu *lizake, l-iza-ke*; malheureusement le *l* initial reste sans explication pour le moment.

§ 4.

L'impératif, le Subjonctif et le Potentiel.

Nous avons déjà dit, en parlant du potentiel de l'autre auxiliaire que *adin* paraît être la racine du subjonctif du verbe *izan*. L'impératif, le subjonctif et le potentiel sont formés de *adin*. Ce que l'on a nommé les „formes simples" de l'impératif, sont les flexions du présent de l'indicatif avec la conjonction *n* „que" postposée; ainsi *zaren* „sois" est formé de *zare* „tu es" et *n* „que"; „que tu es" et en français „que tu sois". Il va sans dire que *zaren* est au fond „soyez". Le sing. „sois" est *aizen*, bn. de *aiz* „tu es" avec la conjonction *n*: *aizn* et afin de pouvoir prononcer *aizn*, il a fallu introduire la voyelle de liaison *e*: *aizen*.

Den „qu'il soit" est formé de *da* „il est" avec la conjonction *n* „que"; ainsi „qu'il est" pour „qu'il soit".

Biz „qu'il soit" est formé de *b-iz*, de *izan*, comme *begi*, est formé de *b-egi*, de *egin*; *bego* de *b-ego*, de *egon*; pour le *b* voir *bere* dans notre dict.

Le Subjonctif.

Le présent du subjonctif est le même dans tous les dialectes; les rares variations sont insignifiantes et il nous semble qu'on reconnaît clairement le radical *adin*, précédé du pronom sujet:

bisc.	guip.	lab.	soul.
Nadin	*Nadin*	*Nadin*	*Nadin*
Adin	*Adin*	*Hadin*	*Hadin*
Dedin	*Dedin*	*Dadin*	*Dadin*
Gadizan	*Gaitezen*	*Gaiten*	*Gitian*
Zadizan	*Zaitezte*	*Zaitezten*	*Zitian*
Ditezen	*Ditezen*	*Daiten*	*Ditian*

Les trois personnes du sing. n'ont pas besoin de commentaire, quoique le *d* initial de la 3me pers. reste toujours un mystère. Les trois personnes du pluriel ont plus souffert; le *d* qui se perd si facilement en bisc. s'y est maintenu dans *gadizan* et par contre s'est perdu dans le lab. et le soul. Il faut croire que la forme primitive de la 1re pers. du pluriel était *gu-adi-n,* dans laquelle il a fallu intercaler le signe de pluralité, qui est *z* pour les dialectes basq. esp. et *te* pour les dialectes basq. fr.; *gu-adi-n* est donc devenu *gu-adi-z-n* ou *gadizn* puis *gadizan,* et dans les autres dialectes *gu-adi-n* est devenu *gaditen,* et en perdant le *d gaiten.*

Il n'y a aucune raison pour ne pas admettre que la lettre de liaison en biscaïen soit *a* (*gadizan*) et non *e* (*gadizen*), comme en guip. *gaitezen*; mais il serait possible qu'on eût cru y découvrir le radical *izan* et que la prononciation ou l'orthographe en eût été influencé. Zavala préfère sans cela écrire un *e* dans les trois personnes du pluriel. En bisc. il y a une variante du présent, où le *d* est tout à fait supprimé: *naitean, aiten, daitean, gaitezan, zaitezen, daitezan,* v. verbo vizc. p. 147. Pour la chute du *d,* voir le paragraphe suivant sur le potentiel.

§ 5.

Le Potentiel.

Le potentiel a généralement perdu le *d* radical et *adin* est devenu *ain* comme thème du potentiel *). Comme la caractéristique du conditionnel est *te* ou *ke* et aussi *teke,* et que le potentiel est, comme forme, le conditionnel du subjonctif, *adin* a donné au présent *nadite* ou *naditeke,* et après la chute du

---

*) La chute du *d* n'est pas du tout extraordinaire. Le nom verbal *aditu* est *aitu* en biscaïen. *Bidaldu* = *bialdu.* *Biardot* se prononce en bisc. *biot.* Comparez surtout les flexions du verbe *iñotsi*: *biñotsat,* etc. pour *badiñotsat,* etc. Là *a* et *d* ont été supprimés; voir Dict. basq. fr. page 408.

d: *naite* ou *naiteke*. Le *n* a dû se perdre devant *t* comme devant *k*; v. Essai, Ch. II. Les dialectes bisc. et soul. ont conservé les deux formes en *te* et en *teke*, qui sont en usage pour le présent et le futur du potentiel. Les autres dialectes ne font pas cette distinction, et n'ont que les flexions en *teke*. Le dialecte soul. a conservé aussi une variante où le *d* est resté; c'est seulement le cas quand la flexion est précédée de la conjonction *ba* „si"; p. ex. *banadi* „si je puis"; *bahadi* „si tu peux"; *badadi* „s'il peut". Du moment que la conjonction précède, la terminaison se perd; comp. *banintz*. *Banadi* est pour *ba-nadite*. Voir pour la chute de la finale § 6.

bisc.	soul.			lab.	guip.
Naite	*Naite*	ou	*Nitake*	*Naiteke*	*Naiteke*
Aite	*Haite*	„	*Hitake*	*Haiteke*	*Aiteke*
Daite	*Daite*			*Daiteke*	*Daiteke*
Gaitez	*Gaite*	„	*Gitake*	*Gaiteke*	*Gaitezke*
Zaiteze	*Zaiteye*	„	*Zitakeye*	*Zaiteke*	*Zaitezke*
Daitez			*Ditake*	*Daiteke*	*Daitezke*

Le dialecte soul. possède, comme le lab. et le guip. la forme *naiteke*, d'où par hyperthèse dérive *nitake*. Ces flexions se trouvent au complet dans le „verbe basque" de M. Inchauspe, voir page 410, à l'exception de la 3me pers. du singulier; par contre la 3me pers. du plur. de la forme régulière (*naite* etc.) ne se trouve pas; il n'y a que *ditake*.

L'imparfait du potentiel.

L'imparfait du potentiel est formé du présent, comme nous avons vu que c'est le cas avec tous les imparfaits. Le *a* radical du présent s'est généralement perdu dans l'imparfait; comme le dialecte soul. l'a déjà perdu au présent, ces deux temps correspondent plus exactement dans ce dialecte que dans les autres. Le soul. *nitake* donne *nintakian*, en lab. *ninteken*, en guip. *nindekean*, (*d* pour *t* après *n*) en bisc. *neintean*, puisque son présent est *naite*, sans *ke*. *Neintean* est *naintean* pour le traitement fam. masc. Nous gardons cette différence dans l'orthographe, que Zavala donne et qui a peu d'importance. C'est au fond une irrégularité, dont Zavala est responsable. La forme respectueuse devrait plutôt s'écrire avec *a*, *naintean*.

bisc.	guip.	lab.	soul.
Neintean	*Nindekean*	*Ninteken*	*Nintakian*
Eintean	*Indekean*	*Hinteken*	*Hintakian*
Leitean	*Zitekean*	*Ziteken*	*Zaitekian*
Geintezan	*Gindezkean*	*Gintezken*	*Gintakian*
Zeintezen	*Zindezkean*	*Zintezketen*	*Zintaken*
Leitezan	*Zitezkean*	*Zintezken*	*Zitaken*

Il est superflu de faire remarquer que maintenant que nous connaissons la racine, le *a*, qui reparaît dans la 3me pers. du soul. *zaitekian* s'explique parfaitement, et serait sans cela une énigme. Nous retrouvons encore cet *a* dans le traitement familier biscaïen: *naintean*, *naintenan* „je pouvais être"; *laitean*, *laitenan* „il pouvait être"; *laitek*, *laiten* „il pourrait être".

Le conditionnel du potentiel.

Le conditionnel du potentiel est formé de l'imparfait, mais tous les dialectes ne s'y sont pas pris de la même façon. Le dialecte biscaïen est sous quelques rapports le plus régulier, il forme l'imparfait du présent, *neintean* de *naite*, et le conditionnel de l'imparfait, *neinteke* de *neintean*. Les autres dialectes n'ont fait que retrancher la terminaison, et *nindekean* est devenu *nindeke*, guip. Les différents dialectes en sont arrivés de cette façon au même résultat; on dirait qu'on a voulu avoir un conditionnel finissant en *ke*.

Zavala donne un grand nombre de temps; d'abord le présent: *naite*; puis le futur ou présent moral, comme il l'appelle: *naiteke*, dont viennent les imparfaits *neinte* et *neinteke*; il appelle ce dernier temps un futur éloigné; et enfin les imparfaits *neintean* et *neintekean* qui correspondent à l'espagnol „podria" et „habria podido. L'auxiliaire espagnol est très riche en imparfaits du subjonctif et en conditionnels, et Zavala aura voulu exprimer tous ces temps. Il nous semble qu'on appellerait mieux ces divers temps, les premiers *naite* et *naiteke*, le présent „je puis être"; *neintean* et *neintekian*, l'imparfait „je pouvais être; et *neinte* et *neinteke*, le conditionnel „je pourrais être". L'espagnol „podria" correspond au conditionnel „pourrait". Quoiqu'il en soit de l'emploi de ces temps, la formation en est claire; c'est à la syntaxe à nous dire l'usage qu'on en fait. Avant d'aller plus loin nous donnerons un tableau du:

Conditionnel du potentiel.

bisc.	guip.	lab.	soul.	bn. (Salab.)
Neinteke	*Nindeke*	*Neinteke*	*Neinteke*	*Nindaiteke*
Einteke	*Indeke*	*Heinteke*	*Heinteke*	*Hindaiteke*
Leiteke	*Liteke*	*Laiteke*	*Leiteke*	*Laiteke*
Ginteke	*Gindezke*	*Gintezke*	*Ginteke*	*Gindaizteke*
Zintekeze	*Zindezke*	*Zintezkete*	*Zinteye*	*Zindaiztekete*
Leitekez	*Litezke*	*Litezke*	*Lite*	*Laizteke*

En bisc. et soul. il y a encore les formes *neinte*, etc. sans *ke*, pour exprimer le futur ou conditionnel du potentiel. M. Inchauspe appelle ce temps „conditionnel futur" ou „potentiel conditionnel". Comme le radical de ce temps est celui du potentiel il vaudra mieux lui laisser son nom de „conditionnel du potentiel". Comme un temps ne peut pas avoir deux noms, bien que son emploi soit double, ce nom de conditionnel suffira. On pourrait aussi l'appeler „futur du potentiel" s'il était certain que *te* fût la caractérisque du futur; il est vrai que les dialectes souletin, bas-navarrais et labourdin ont, ou ont eu, un futur simple (non périphrastique) en *te*, du moins l'auxiliaire *izan*; on dit: *nizate*, *hizate*, *date*, etc. „je serai, tu seras, il sera"; mais la forme correspondante, nous voulons dire le futur simple de l'autre auxiliaire, se termine en *ke*: *duket*, *dukek*, *duke*, etc. „j'aurais, tu auras, il aura". On voit que c'est ici *ke* qui correspond à *te*; or *ke* est invariablement la caractéristique du conditionnel et se trouve quelquefois remplacé par *te* et aussi lié à *te*, formant le groupe *teke*. Le futur en *te* est donc une irrégularité isolée tout autant que le futur en *ke*.

Nous ne pouvons pas citer ce futur sans faire remarquer la déplorable confusion qui s'y trouve chez M. Inchauspe. Le parti pris (nous ne disons plus la théorie, une théorie doit avoir une base quelconque) le parti pris de considérer les deux verbes comme un seul pouvait difficilement produire un plus grand désordre. Il va sans dire que les flexions *nizate*, *hizate*, *date*, etc. sont formées de *niz*, *hiz*, *da*, „j'ai, tu as, il a", en y ajoutant la terminaison *te*; comme la plupart des flexions ont un *a* avant la terminaison *te*, cet *a* aura été introduit par analogie dans les deux premières personnes, ou bien *nizte*, *hizte* ont été trouvés trop dur à prononcer. Quoiqu'il en soit ce futur est formé du présent.

Présent.	Futur.
Niz, je suis	*Nizate*, je serai
Hiz	*Hizate*
Da	*Date*
Gira	*Girate*
Zira	*Zirate*
Dira	*Dirate*

De même de l'autre futur, mais la terminaison est *ke* au lieu de *te*, et est elle intercalée au lieu de suffixée.

Présent.	Futur.
Dut	*Duket*, j'aurai
Duk	*Dukek*
Du	*Duke*
Dugu	*Dukegu*
Duzu	*Dukezu*
Due	*Dukie*

Maintenant le traitement familier du futur.

Verbe être.	Verbe avoir.
Nukek, nuken	*Dukeyat, dukeñat*
Hizate	*Dukek, duken*
Dukek, duken	*Dikek, diken*
Gutukek, Gutuken	*Dikeyagu, dikeñagu*
Zirate (respect.)	*Dukezu* (respect.)
Dutukek, dutuken	*Dikeye, dikeñe.*

Comment il est possible que quand *hizate* est „tu seras" que *nukek* soit „je serai", M. Inchauspe oublie de nous l'apprendre et pour de bonnes raisons; mais maintenant que nous savons que les flexions de l'auxiliaire pour „avoir" dérivent de *eroan*, et que le verbe „être" est *izan*, l'erreur est manifeste, et est due sans doute à l'opinion erronnée que *dut* est une modification de *niz*, opinion qui a dû influencer l'orthographe d'une façon singulière. Cette confusion dans les flexions fait que l'on nous citera *dukek*, comme signifiant „il sera" et „tu auras". Il est évident que *nukek* tient la place d'une flexion qui dérive soit de *izan* „être", soit d'un autre radical; mais jamais du radical qui a donné *dut* etc. Du temps de Liçarrague cette forme n'était pas encore corrompue, ou on ne l'avait pas encore corrumpue à plaisir; nous trouvons *niaitec*. *Ni iagoitic ezniaitec scandaliza.* Matt. XXVI: 33. Je ne serai jamais scandalisé.

Nous avons vu que le futur *nizate*, etc. vient du présent *niz*, et il est nécessaire alors que le traitement familier en dérive aussi; mais le bn. *niaitec* ne semble pas dériver de *izan*, car alors il faudrait admettre des irrégularités tout-à-fait inexplicables: la chute de *z* et l'introduction d'un *i* avant le *t*; si au contraire nous prenons *ai* de *adi* pour thème du futur, toutes les difficultés disparaissent à la fois, et *niaitec* n'offre aucune irrégularité; le *n* initial se mouille, ce qui est le trait caractéristique du traitement familier et par conséquent *niaitec* se compose de *ni-ai-te-c*. Il ne serait pas prudent de porter un jugement définitif sur une seule flexion; nous espérons plus tard en trouver d'autres qui nous permettront de nous prononcer; seulement nous serons beaucoup plus étonné de voir le futur dériver de *izan* que de *adi*. Si ce que nous supposons est vrai, et il nous semble que pour le moment il n'y a pas de raison pour en douter, il faut en conclure qu'on a cru voir dans le futur simple un temps dérivé du présent *niz*, etc. et que la forme de ces flexions a été poussée dans cette direction par les grammairiens souletins; ou bien que les dialectes bn. et soul. ont formé ce temps indépendemment l'un de l'autre, ce qui paraît très peu probable. L'ancien futur labourdin que Oihénart nous a conservé est déjà corrompu et prouve tout autant pour l'un que pour l'autre radical. Si le radical est *izan* le *ï* est de trop dans *nazaïte*, „je serai"; si le radical est *adi* le *z* est de trop, mais le *ï* est à sa place. Ce temps est selon Oihénart: *nazaïte, azaïte, date, garate, zaratee, dirate*.

Mais revenons à notre potentiel. En jetant un coup d'oeil sur le tableau on verra que tous les dialectes concordent, excepté le bn. Il nous semble pouvoir expliquer cette variété de la façon suivante. Nous savons que la forme primitive du présent du potentiel a dû être *nadike* ou *naditeke*, mais que par suite de la chute de *d*, *naditeke* est devenu *naiteke* en lab. et guip. et par hyperthèse en souletin *nitake* *). De

*) Comparez *zitekan* pour *zikaten*, page 19. Le *k* paraît avoir une tendance à changer de place: *dok* et *yok* ne font pas *dokaz* et *yokaz*, mais *dozak* et *yozak*, v. page 22.

nitake est formé régulièrement en soul. l'imparfait *nintakian*, et le bn. (que nous n'avons pas encore trouvé) *nindakean*, avec *d* primitif. En retranchant la finale *an* de l'imparfait, comme les autres dialectes paraissent l'avoir fait, nous aurons *nindake*, et puisque la terminaison est *teke*, à l'exception du bisc., *nindake* est devenu *nindateke*. Il reste à expliquer le *i*; cette voyelle a été introduite peut-être plus tard, pour refaire le son *ai*, qui se trouvait dans la 3me pers. en bisc. et lab. On sait que la 3me personne a toujours été considérée comme offrant la forme primitive, non corrompue. Ce besoin de régularité ne serait pas plus inexplicable ici, qu'ailleurs, surtout si l'on songe que ces flexions n'étaient plus comprises, mais qu'elles étaient considérées comme des terminaisons. — M. Salaberry nomme ce temps, le „conditionnel présent"; heureusement qu'il l'explique par: je pourrais être. Tout le monde sait que le conditionnel présent est „je serais"; nous citons seulement cette erreur pour démontrer combien la confusion est augmentée, ici par inadvertance, nous aimons à le croire.

§ 6.

L'optatif.

Il ne nous reste plus qu'à parler de l'optatif, qui nous paraît être formé comme l'optatif de l'autre auxiliaire, c'est à dire que *ai*, pour *adi*, de *adin* est préfixé au conditionnel, pour former le présent: *ainintz*, *ahintz*, *ailitz*, etc., et à l'imparfait du subjonctif pour former le futur: *ainendi*, *aihendi*, *ailedi*, etc. Les terminaisons du conditionnel (*te* ou *ke*) et de l'imparfait (*n*) se sont perdues. La même chose arrive quand *ba* est préfixé, v. page 80: *banintz*, *bahintz*, *balitz*, etc.

La chute de la terminaison ici n'a rien d'inusité; nous voyons qu'en souletin on dit indifféremment *eskent diro* ou *dioke*, (pour *diroke*) „il peut l'offrir"; le *ke* caractéristique du potentiel a entièrement disparu ici. Comme finale *te* se perd souvent:

daue = *daute*, bisc.; *duzue* pour *duzute*; aussi *de*; *dira* pour *dirade*, comme Larramendi l'écrit quelquefois (v. lettre à Mendiburu), et Liçarrague toujours; *naude* = *nau*, bisc. La chute de *n*, sinon dans le verbe, du moins dans le nom, est très fréquente; et l'aezcoan nous offre un exemple de la chute exceptionnelle de *n* dans l'imparfait.

CHAPITRE VIII.

§ 1.

L'indicatif de la conjugaison relative.

Puisque le verbe *eroan*, employé comme fréquentatif des verbes actifs, est devenu l'auxiliaire qui correspond à „avoir", on serait tenté de croire que *joan*, fréquentatif des verbes passifs, pourrait donner la clef de l'auxiliaire *izan* „être". Mais ceci ne donne aucun résultat. *Naz*, *az*, *da*, s'expliquent tout aussi peu par *noa*, *oa*, *doa*, que *natzako*, *atzako*, *yako*, par *noako*, *oako*, *yoako*. Nous ne voudrions pas donner une opinion définitive à ce sujet, mais il nous paraît que *izan* est caché dans ces flexions. Il ne nous semble pas nécessaire de rejeter une hypothèse, puisqu'il reste quelques points obscurs. Si l'italien était une langue isolée comme le basque, nous aurions peut-être de la difficulté à expliquer le *h* initial des flexions du verbe „avere"; ho, hai, ha. Le système phonétique de la langue française n'est pas une chimère, parce qu'on ne peut pas encore découvrir l'origine de l'*n* de „nombril". Il restera donc des difficultés à vaincre, mais beaucoup moins qu'on aurait pu le supposer.

Nous faisons d'abord suivre un tableau avec le présent de l'indicatif pour faciliter les comparaisons.

Auxiliaire.

bisc.	(à lui)	(à vous)	(à toi)	(à moi)	
Naz	*natzako*	*natzatzu*	*natzak*		
az	*atzako*			*atzat, zatzataz*	
da	*yako*	*yatzu*	*yak*	*yat*	
gara	*gatzakoz*	*gatzatzuz*	*gatzazak*		
zare	*zatzakoze*			*zatzataze*	
dira	*yakoz*	*yatzuz*	*yazak*	*yataz*	
guip.					
Naiz	*natzayo*	*natzazu*	*natzak*		
aiz	*atzayo*			*atzat, zatzat*	
da	*zayo*	*zazu*	*zak*	*zat*	
gera	*gatzazkio*	*gatzazkizu*	*gatzazkik*		
zerate	*zatzazkio*			*zatzazkit*	
dira	*zazkio*	*zazkizu*	*zazkik*	*zazkit*	
soul.					
Niz	*nitzayo*	*nitzaizu*	*nitzaik*		
hiz	*hitzayo*			*hitzait, zitzait*	
da	*zayo*	*zaizu*	*zaik*	*zait*	
gira	*gitzayo*	*gitzaizu*	*gitzaik*		
ziraye	*zitzayoe*			*zitzaiztaye*	
dira	*zaitzo*	*zaitzu*	*zaitzak*	*zaizt*	
lab.					
Niz	*nitzako*	*nitzauzu*	*nitzauk* ou		
			natzaik	*hitzaut, zitzaut* ou *hatzait*	
hiz	*hitzako*				
da	*zako*	*zautzu*	*zauk*	*zaut*	*zait*
gire	*gitzayo*	*gitzauzu*	*gitzauk*		*zazkitet*
zirete	*zitzaikote*			*zitzautet*	
dire	*zaizko*	*zaitzu*	*zaik*	*zait*	*zaizkit*

En comparant le présent de l'indicatif lab. *nitzako* (nous donnons les flexions que cite Darrigol, qui sont beaucoup moins corrompues que celles que cite M. Inchauspe) etc., avec le nom verbal *izan*, précédé du pronom nominatif, et suivi du pronom datif (ou de sa caractéristique) nous aurons presque les mêmes formes. Nous donnerons seulement le traitement familier de la 2me personne.

Nitzako	*Ni* —	*iza* —	*ko*
Hitzako	*Hi* —	*iza* —	*ko*
Zako		*iza* —	*ko*
Gitzako	*Gu* —	*iza* —	*ko*
Zitzaikote	*Zu* —	*iza* —	*ko*
Zaizko		*iza* —	*ko*

Le *n* de *izan* a dû être élidé parce que *n* et *k* ne peuvent se suivre; v. l'Essai, Ch. II. La variante *tz* = *z* est très fréquente. Comp. *enzun* = *entzun*, *berze* = *bertze*, etc. etc.

Le *i* initial de la 3me pers. du sing. et du plur. s'est perdu; ceci n'est pas rare, le *i* (j) de *jarraitu* se perd à l'impératif *arreit*. Ce qui vient à l'appui de notre hypothèse, c'est que dans le conditionnel le *i* reparaît, et le conditionnel est formé de l'imparfait.

La 2me pers. du plur. étant au fond un pluriel d'un pluriel, *zu-iza-ko* aurait donné *zitzako*, ce qui aurait suffi; mais *zitzako* est devenu la forme respectueuse, et il a fallu faire *zitzaikote* (*te* caract. du plur.) pour la 2me pers. du plur. Le *i* paraît servir aussi à indiquer le pluriel, comme dans *zaizko* plur. de *zako*; le *z* remplit la même fonction en biscaïen. On dirait qu'il y a quelquefois des emprunts d'un dialecte à l'autre, sans qu'on se soit rendu compte de l'exacte valeur de l'emprunt; il se pourrait encore que le signe existant pour indiquer, comme ici, le pluriel, eût perdu de sa force et qu'on en ait ajouté un autre quand sa signification s'est tout à fait perdue. Pour la terminaison *ko*, voir page 55.

Le *u* dans le lab. *hitzaut*, etc. (v. le tableau) ne se trouve pas dans les flexions des dialectes basques espagnols, mais on trouve le lab. *hatzait*, etc. et l'*i* de *hatzait* se retrouve dans les dialectes bas-guip. et nav. (v. Lardiz. p. 34), qui disent *zatzait* ou *zatzat* „tu (vous) à moi". Par contre celles-là ont un *a* initial qui est tout aussi peu clair que le *u* labourdin. Cependant toutes ces formes s'expliquent, croyons nous, réciproquement.

bisc. à moi	(analyse)	guip. à moi	lab. à moi
atzat	*hi - iza - t*	*atzat*	*hitzaut*
yat	*iza - t*	*zat*	*zaut*
zatzatazc	*zu - iza - t*	*zatzazkit*	*zitzautet*
yataz	*iza - t - z*	*zazkit*	*zait*

Le *n* de *izan* est de nouveau élidé puisque *t* ne peut suivre *n*. On peut dire *egondu* ou *egotu*, mais non pas *egontu*; *emendik* ou *emetik*, mais pas *ementik*; *izatu* ou *izandu*, mais pas *izantu*, etc. etc. V. Dict. p. XXXIX.

Si pour le moment nous ne pouvons donner une explication satisfaisante de la mutation extraordinaire de *i* en *a*, il n'y a cependant aucun doute que *atzat*, bisc. et guip. ne corresponde à *hitzaut*, lab. et à *hitzait*, soul. On trouve en outre en lab. les deux formes *nitzauk* et *natzaik*, „je à toi". Le *z* de la 3me pers. en guip. correspond ici, comme dans les terminaisons relatives familières, à *y* biscaïen; mais le *z* ici est primitif et s'est corrompu en *y* en bisc. La 3me pers. du pluriel est formée comme d'habitude de la 3me pers. du singulier. Comme le bisc. indique le pluriel dans le verbe par *z*, *yat* est devenu *yatz* avec *a* de liaison *yataz*; mais *yak* est devenu *yazak*; voir page 11. Le dialecte guipuzcoan indique le pluriel par *z* et par *ki* intercalé, *zat* est devenu *zazkit*. Ceci rend la conjugaison en guip. très embrouillée pour le subjonctif comme nous le verrons plus tard.

Si notre hypothèse est juste, l'imparfait s'explique tout naturellement. Comme toujours ce temps est formé du présent, en suffixant *n* et en préfixant le pronom nominatif; puisque ce pronom nominatif est déjà préfixé dans tout le verbe passif il n'y a qu'à suffixer le *n*, ce qui nous donnera en bisc. *nintzakon*, *intzakon*, *jakon*, etc.; en guip. *nintzayon*, *intzayon*, *zitzayon*, etc.; en soul. *nintzeyon*, *hintzeyon*, *zeyon*, etc.; en lab.

nintzakon, *hintzakon*, *zitzakon*, etc. Il faut encore remarquer que le même *n* mystérieux se trouve ici aussi dans toutes les personnes, excepté dans les troisièmes.

Si notre hypothèse est fausse, elle est radicalement fausse; car il nous semble qu'elle est juste dans l'application que nous en avons faite. Toutes les formes verbales de *izan* se sont expliquées naturellement, sans qu'il ait été nécessaire de faire violence à une seule flexion. Il faudrait donc que *izan* ne fût pas le radical des flexions qui correspondent à celles du verbe être; que *izan* ne fût pas le radical de l'auxiliaire *izan*. Nous tenons à faire ressortir l'exactitude de notre théorie avant de citer les troisièmes personnes de l'imparfait de l'un et de l'autre auxiliaire, de *izan* et de *eroan*, du moins comme M. Inchauspe les donne dans son „verbe."

IMPARFAIT.

	Être soul.	avoir.	Être guip.	avoir.
à lui	*Zeyon*	*Zeyon*	*Zitzayon*	*Zion*
à eux	*Zeyen*	*Zeyen*	*Zitzayoten*	*Zien*
à toi	*Zeizun*	*Zeizun*	*Zitzazun*	*Zizun*
à vous	*Zeizien*	*Zeizien*	*Zitzazuten*	*Zizuten*
à moi	*Zeitan*	*Zeitan*	*Zitzadan*	*Zidan*
à nous	*Zeikun*	*Zeikun*	*Zitzagun*	*Zigna*

Dans le guip. la voyelle primitive *i*, qui était devenue *a* dans le présent *natzayo* „je à lui", reparaît ici dans l'imparfait *nintzayon*, *intzayon*, *zitzayon*, etc.

Les autres dialectes ont tous conservé le *i*, excepté le biscaïen. Le présent guip. *natzayo* est donc pour *nitzayo*, de *ni-iza-yo*, „je être à lui". *Yo* est pour *ko*, comparez *nitzako*, lab. *natzako*, bisc. (Voir pour *o* p. 55). Le *n* de *izan* a dû être élidé devant *k*, s'il ne s'était pas déjà perdu dans la conjugaison, ce qui arrive si souvent à l'*n* final. *Ni-iza-yo* est donc parfaitement régulier, et le *n* mystérieux (le *n* intercalé) de l'imparfait en fait *ninzayon*, que le guip. écrit *nintzayon*; le lab. *nintzakon*; le soul. *nintzeyon* avec *e*; (comp. *beno* = *baino*). La 2me pers. est donc *intzayon*, g. *nintzakon*, l. et *hintzeyon*, s. La 3me personne, qui nous occupe particulièrement ici: *zitzayon* (*z-iza-yon*), g.; *zitzakon* lab.; mais en soul. *zeyon* au lieu *zitzeyon*.

Que croire d'une telle forme? La belle théorie que les verbes „être" et „avoir" ne font qu'un, n'aurait-elle pas aidé à modifier ces flexions, afin de faire accroire, du moins par les 3mes personnes, que cette théorie est vraie? Nous le craignons beaucoup; et personne ne sera surpris si nous considérons ces troisièmes personnes comme forgées, peu importe dans quel siècle et par quel auteur; mais jusqu'à preuve du contraire, il nous est impossible d'admettre, après tout ce que nous avons dit, et prouvé, que les six flexions relatives, que nous venons d'indiquer, soient les mêmes pour le verbe „avoir" et pour le verbe „être". Si par impossible, c'était le cas, ceux qui auraient défendu la théorie d'unité verbale, y auraient trouvé une petite excuse pour leur marotte; mais ce serait surtout une preuve éclatante du danger de porter des jugements décisifs sur une langue, quand on ne prend qu'un seul de ses dialectes pour guide; car leur ressemblance n'empêchera jamais qu'il y ait deux verbes auxiliaires parfaitement distincts, et tout ce qu'on pourrait dire dans ce cas, c'est que cette ressemblance est l'effet d'un hasard inouï.

Il est vrai que le dialecte biscaïen présente la même irrégularité. Les 3mes pers. sont *yakon*, *yaken*, *yatzun*, *yatzuen*, *yatan*, *yakun*, tandis que les 1re et 2me pers. sont *nintzakon*, *nintzazun*, et *intzatan* et *zintzatazun*, etc. toutes comme l'on voit, avec le thème *iza*, plus le *n* intercalé pour l'imparfait: *inza* ou *intza*. Pour l'un comme pour l'autre dialecte, il faut rechercher la cause de cette irrégularité, mais le dialecte biscaïen n'inspire pas cette méfiance puisque les deux auxiliaires sont entièrement différents. En tous cas si ces formes sont corrompues, quelle qu'en soit la cause, elles ne le seront pas moins parce qu'il y a plus d'un dialecte qui s'en sert. Mais pour le dialecte bisc. cette irrégularité s'explique et même très bien, tandis que pour le dialecte soul. elle ne s'explique pas du tout.

Prenons l'imparfait bisc. „j'étais à lui", *nintzakon, intzakon* (fam.), *zintzakozan* (resp.), *yakon, gintzakozan, zintzakozen, yakozan.* Dans toutes les personnes, excepté dans les 3mes pers. il se trouve le thème *iza*, écrit *itza*, et avec le *n* caractéristique de l'imparfait *intza*. Nous avons vu que le dialecte bisc. est le seul qui ne préfixe aucune lettre à la 3me pers. de l'imparfait; les autres dialectes préfixent *z*. Si la 3me pers. était régulière elle serait *itzakon* et correspondrait alors au guip. *zitzakon*. *Itzakon* aurait dû être écrit *izakon* de *iza-nko-n;* être- à lui- *n* (caract. de l'imparfait), et le pron. de la 3me pers. (il) absent, ce qui est la règle; *izakon* serait donc parfaitement régulier. Mais nous avons vu que le *i* initial ne se soutient pas (comp. l'imparf. de la conj. absolue); *izakon* est devenu *zakon;* de la mutation de *z* en *y*, nous trouvons plusieurs exemples dans le verbe même, du moins d'un dialecte à l'autre. Le bisc. *yaroadak* devient *zidak* en guip. „il l'a à moi", trait. fam.; *zat*, g. = *yat*, bisc.; etc.

§ 2.

Le Subjonctif de la conjugaison relative.

Nous avons vu que le subjonctif de l'auxiliaire *izan* est formé de *adin*, dans tous les dialectes: *nadin, adin, dadin*, etc. Il nous semble que c'est encore le cas pour la conjugaison relative, à l'exception du dialecte guip. qui forme le subjonctif de l'indicatif.

Les dialectes bisc. lab. et soul. ont donc formé leur présent du subjonctif de *adin*, dont cette fois l'initiale seule est restée. De plus nous trouvons dans toutes les flexions de tous les dialectes une syllabe mystérieuse *ki;* peut-être une variante de *ke,* caractéristique du potentiel. La limite entre le subjonctif et l'optatif et le potentiel n'est pas facile à préciser; nous voyons le biscaïen faire usage du potentiel pour le subjonctif; au lieu de *nadin* on peut dire *naitean,* „que je sois". En soul. *ke* devient *ki* dans le potentiel de *izan.* Quoiqu'il en soit de cette syllabe, nous la retrouvons dans tout le présent du subjonctif; p. ex.

bisc.	lab.	soul.
à lui.	à lui.	à lui.
Nakion	*Nakion*	*Na kion*
Akion	*Hakion*	*Hakion*
Dakion	*Dakion*	*Dakion*
Gakiozan	*Gaizkion*	*Gitzazkion*
Zakiozan	*Zatzaizkioten*	*Zakitzoen*
Dakiozan	*Dakizkon*	*Dakitzon*

Nakion sera formé de *n-a* (pour *ai*)-*ki-o* (pour *yo*)-*n,* c'est à dire: je-racine-ki-lui-que; „que je à lui"; et ainsi de toutes les autres flexions.

La 1re pers. du plur. *gitzazkion,* soul. ne paraît pas correcte; *tza* ne signifie rien en souletin; on dirait que c'est un emprunt fait au guip.; là *tza* est à sa place, puisque le subjonctif est formé de l'indicatif et que l'indicatif est formé de *izan,* dont *tza,* pour *za,* est un débris. La même observation est applicable à toutes les flexions où se trouve *tza,* par conséquent aussi à la 2me pers. du plur. *zatzaizkioten,* lab. Nous citons ces flexions d'après M. Inchauspe.

La forme des deuxièmes pers. du sing. respectueux n'est souvent pas très-régulière et a augmenté la confusion; nous en verrons à l'instant des exemples; mais avant d'aller plus loin nous voulons signaler deux caractéristiques pour les personnes du plur.; d'abord *z,* généralement employé, et ensuite *ki* que nous retrouverons en parlant du dialecte guipuzcoan. Ce signe de pluralité (*z*) est employé quand bien même le pronom indique déjà que la flexion est plurielle; et il arrive quelquefois que l'on en trouve encore un autre, en outre de celui-ci. Ainsi le bisc. *dakion* „qu'il à lui"; fait *dakiozan* „qu'ils à lui"; le lab. dit *daizkon* en plaçant ce *z* ailleurs. Ici reparaît la syllabe *ko*, qui est *yo* ou *o* selon les circonstances. Ces deux flexions sont régulièrement formées; le bisc. de *d-a-ki-o* (pour *ko*)-*z-n*; le lab. de *d-a-ki-z-ko-n*.

Nous citerons encore quelques flexions:

bisc.	lab.	soul.
Akidan, zakidazan	*Zakizkidan*	*Hakidan, zakiztadan*
Dakidan	*Dakidan*	*Dakidan*
Zakidazen	*Zakizkidaten*	*Zakiztaden*
Dakidazan	*Dakizkidan*	*Dakiztadan*

La 2me pers. resp. est formée régulièrement en bisc., de *z-a* (pour *ai*)-ki-*d* (pour *t*)-*z-n*; mais le souletin *zakiztadan* a un *d* de trop; de cette façon le pronom régime serait exprimé deux fois; aussi trouve-t-on la forme correcte, qui est *zakiztan*, de *z-a-ki-z-t-n* „que-à-moi" -caract. de plur.-racine-vous. Pour *zakiztadan*, comme nous venons de le dire, il y a la variante *zakiztan*, qui est la seule correcte, quoique l'autre puisse être en usage; mais nous trouvons chez M. Inchauspe pour la 3me pers. seulement la forme *dakiztadan*, où le *d* est aussi superflu. Dans la 2me pers. du lab. *zakizkidan*, nous trouvons aussi une syllabe superflue, c'est *ki*, signe de pluralité. Puisque *hakidan* (*h-a-ki-t-n*) signifie „que *tu* à moi", il aurait fallu pour „que vous à moi" *zakiztan*, comme le souletin, et le second *ki* est par conséquent superflu. Cependant l'emploi de ce *ki* se retrouve dans le dialecte guipuzcoan, où il indique régulièrement le pluriel. Lardizabal a sans doute aussi pensé que *ki* était de trop dans les trois personnes du singulier et a retranché non seulement *ki*, mais encore *z*, l'autre caractéristique de pluralité. A-t-il eu raison? Citons le présent de l'indicatif „vous à moi" selon Larramendi.

Atzat, zatzaizkit
Zait, zat
Zatzaizkidate. — kidee
Zaizkit

La variante *zait* pour *zat* appartient à la Navarre et au Bas-Guipuzcoa.

Atzat correspond au soul. *hitzait* et est formé de *h-atza* (pour *itza*, pour *iza* de *izan*)-*t*. Lardizabal a corrigé la forme respectueuse de Larramendi *zatzaizkit* et en a fait *zatzat*, c'est à dire, *z-atza-t*; or comme tous les dialectes intercalent un signe de pluralité, généralement *z*, dans les trois personnes du pluriel, il aurait fallu ce signe dans *zatzat*; c'est ce que Larramendi a fait et au lieu d'introduire seulement le *z*, il a introduit le *z* et le *ki*. Que le *ki* est un signe de pluralité chez Larramendi est prouvé par la 3me pers. du plur. *zaizkit*, formée du sing. *zait*. Nous ne savons si Larramendi a raison, mais il nous semble que Lardizabal a tort.

Le dialecte guipuzcoan, comme nous l'avons dit, forme le présent du subjonctif de la conjugaison relative, du présent de l'indicatif; comme les autres dialectes, il intercale la syllabe *ki*. Ainsi le présent de l'indicatif *zatzat* „vous à moi" fait *zatzakidan*, de *zatza-ki-t-n*. La formation est parfaitement régulière; *t* a dû être élidé devant *k* (V. Essai, Ch. II) et a été placé après *ki*; là, comme toujours, le *t* est devenu *d* et la voyelle de liaison *a* a été introduite pour pouvoir prononcer *d-n*. De la même façon *natzazu* donne *natzakizun* „que je à vous (toi)"; et *natzayo* „je à lui", *natzakion* de *natza-ki-o* (pour *yo*)-*n*, „que je à lui".

Cette irrégularité du guip. se borne au présent. L'imparfait correspond à l'imparfait des autres dialectes, du moins du bisc. et du souletin: *nenkion*, *enkion*, *zekion* etc. Le bisc., comme toujours, n'a pas l'initiale *z* à la 3me personne, il dit *ekion*. Il y a quelques irrégularités dans l'imparfait souletin, du moins comme il est cité dans le „Verbe basque" de M.

Inchauspe; mais ces détails ont peu de valeur, ils s'expliquent facilement, et il reste toujours à savoir si ces formes n'ont pas été influencée par des théories peu fondées.

§ 3.

Le Potentiel de la conjugaison relative.

Le potentiel, comme d'habitude, est formé du subjonctif respectif. C'est ainsi que le dialecte guip. fait de *zatzakidan* („que vous à moi"), *zatzakidake*; de *natzakizun* (que je à toi ou vous), *natzakizuke*; de *natzakion* (que je à lui), *nazakioke*. Le dialecte bisc. fait de même; mais comme il préfère avoir le pronom régime à la fin de la flexion, nous trouvons des formes un peu différentes; p. ex. le prés. du subj. *akidan* „que tu à moi"; *dakidan* „que il à moi", etc. ne font pas *akidake* et *dakidake*; mais *akit* ou *akiket*, *dakit* ou *dakiket*. Voici comment. En suffixant à *dakidan*, la syllabe *ke*, nous aurons *dakidke*, puisque *n* tombe devant *k*; le *a* se perd aussi, puisque ce n'est qu'une lettre de liaison pour pouvoir prononcer *dakidn*: *dakidan*. Ce *dakidke*, doit avoir selon l'usage biscaïen, le régime à la fin de la flexion, après *ke*, et devient *dakiked*, et le *d* final reprend sa forme primitive et redevient *t*, caractéristique de la 1re personne, soit comme sujet, soit comme régime. De la même manière *akidan* est devenu *akiket*, etc.

En parlant du potentiel de la conjugaison absolue, nous avons dit que Zavala donne deux formes pour le présent, dont il appelle l'un, „presente fisico" et l'autre „presente moral" ou „futuro muy proximo". La nuance, comme expression, nous importe peu; dans ce moment, nous n'avons à faire qu'à la forme. Le présent se termine en *te*: *naite* „je puis"; le futur en *teke*; *naiteke*, „je pourrai". Zavala fait la même distinction, comme signification, dans la conjugaison relative: *akit*, „tu peux à moi", *akiket*, „tu pourras à moi", *dakit* et *dakiket*, etc. etc. — Nous faisons suivre le tableau et quelques observations, qui prouveront, croyons nous, que si la forme est distincte dans la conjugaison absolue, où il y a *te* et *teke*, elle est la même au fond dans la conjugaison relative où l'une est une contraction de l'autre, *kio* de *kikeo*, *kizu* de *kikezu*, etc.

à lui	à vous	à moi
Nakio, *nakikeo*	*Nakizu*, *nakikezu*	. . . .
Akio, *akikeo*	. . . .	*Akit*, *akiket*
Dakio, *dakikeo*	*Dakizu*, *dakikezu*	*Dakit*, *dakiket*.
Gakioz, *gakikeoz*	*Gakizuz*, *gakikezuz*	*Zakidaze*
Zakioze, *zakikeoze*	. . . .	. . . .
Dakioz, *dakikeoz*	*Dakizuz*, *dakikezuz*	*Dakidaz*, *dakikedaz*.

Comme la différence entre le présent *naite* et le futur *naiteke* consiste dans la syllabe *ke*, suffixée à *naite*, on serait tenté de croire que *nakikeo* est pour *naitekeo*, de *n-ai-te-ke-o;* et *nakio* pour *n-ai-ke-o*. Le *o* final est pour *yo* de *ko*, et *ke-yo* est devenu *kio*. Cependant il y a des objections à faire à cette explication. D'abord la mutation de *t* en *k* nous est inconnue jusqu'à présent; ensuite il n'y aurait aucune raison pour écrire *keo* dans une des formes et *kio* dans l'autre; finalement le *ki* pour *ke* serait extraordinaire; tandis que *ki* se trouve intercalé dans le subjonctif de tous les dialectes. Nous sommes donc plutôt disposé à croire que le présent du potentiel est formé du présent du subjonctif et que *nakikeo* est la forme primitive du potentiel. Le présent du subjonctif „je le à lui" est *nakion* de *n-a* (pour *ai*)-*ki-o* (pour *yo*)-*n* (conj.); le prés. du potentiel *nakikeo* de *n-a-ki-ke-o* pour *yo*. *Nakio* sera apparemment une forme contractée à laquelle on aura donné plus tard une signification spéciale, celle d'un présent. Si notre supposition est juste, la même chose doit être arrivée aux autres flexions. p. ex. *nakikazu* et *nakizu*, *akiket* et *akit*, etc.; nous aurons alors en même temps l'explication de l'*i* de *ki* dans *nakizu*, etc., tant en bisc. qu'en soul. Dans *nakio* il peu provenir de *ke* + *yo* = *kio*, mais il n'est pas probable que *ke* + *zu* fasse *kizu*. Il ne serait cependant pas impossible que l'amour de la régularité eût fait placer un *i* partout.

La forme du présent du potentiel en *teke* ne s'est donc conservée en bisc. que pour l'auxiliaire proprement dit, et non pour les conjugaisons relatives; tandis que le souletin a la 3me pers. *daitekio*, „il à lui" de *d-ai-ti-ke-yo*.

Le dialecte soul. fait exception et n'a pas formé le potentiel du subjonctif; il a adopté le groupe *ita*, métathèse de *adi*, de *adin*; (voir le potentiel des auxiliaires proprement dits); ce n'est que par exception que *adi*, sous la forme *ai*, reparaît dans la 3me personne.

Nitakio
Hitakio
Daitekio
Gitakio
Zitakioye
Ditakitzo

Aussi longtemps que le dialecte soul. se tient au groupe *ita* (pour *adi*), avec les caractéristiques nécessaires du pronom sujet et du pronom régime, ses flexions sont régulières; p. ex. *zitakit*, „tu (vous) peux à moi", est composé de *z-ita-ke-t*; mais la variante *zitakidat*, ne peut s'analyser; elle est, comme l'autre, composée de *z-ita-ke*; mais le *da* intercalé ici ne signifie rien. Le *d* paraît provenir d'un *t*, mais il est de trop, puisque *t* se trouve à la fin de la flexion. Peut-être trouvons nous l'explication par le biscaïen *zakidaz* = *zitakidat*, soul.; *zakidaz* est formé de *z* (pour *zu*)-*a-ke-t-z*; le *z* final est le signe de pluralité, que le dialecte bisc. ajoute toujours, comme nous l'avons vu; or le *t* a dû se changer en *d* et la voyelle de liaison *a* a été introduite; le *d* est parfaitement régulier ici. Aurait-on pris la forme bisc. pour modèle, sans se douter comment elle est composée? Nous l'ignorons et nous avouons ne pas pouvoir expliquer ces formes souletines.

Nous voici arrivé au bout de notre travail et nous croyons avoir obtenu les résultats suivants:

1°. Qu'il y a deux verbes auxiliaires parfaitement distincts.

2°. Que l'auxiliaire qui correspond à „avoir" est *eroan*.

3°. Que l'auxiliaire qui correspond à „être" est *izan*.

4°. Que par conséquent les verbes auxiliaires ont leurs flexions parfaitement indépendantes les unes des autres.

APPENDICE.

Parmi les lettres qui restent inexpliquées, il y a le *d* qui se trouve dans l'imparfait de la conjugaison absolue, dans les dialectes biscaïen et guipuzcoan; p. ex. *nenduan*, j'avais. Le terme de „lettre de renforcement" ou „lettre redondante" n'est pas plus satisfaisant que celui de „lettre adventice" dans beaucoup de circonstances. Il faut donc continuer à chercher l'origine de ce *d*, et il nous semble que cette lettre s'explique en admettant pour cette conjugaison le nom verbal *iduki* au lieu de *eroan*.

Avant de continuer nous voulons aller au devant d'un reproche qu'on serait peut-être tenté de nous faire, en ne considérant la question que superficiellement. Ce reproche serait celui d'offrir des théories très-vagues, laissant le choix entre deux noms de forme aussi différente que *eroan* et *iduki*. Mais on se tromperait; c'est un fait très-remarquable que ces deux noms verbaux aboutissent, par suite de mutations phonétiques, parfaitement justifiées, à une même forme, qui servira de radical à l'auxiliaire. *Eroan* fait *daroat*, et *daroat* en perdant le *r* devient *daoat*. *Euki*, syncope de *iduki*, fait *daukat*, et *daukat* en perdant le *k* fait *dauat*. Comme *eroan* s'écrit aussi *eruan*, *daroat* peut avoir été *daruat*, ce qui donnera *dauat*. C'est ce *dauat* que nous croyons être le biscaïen *daut*, qu'il provienne de *iduki* ou de *eroan*.

La seule et la grande difficulté, c'est de savoir si l'on peut admettre la chute du *k* dans *iduki*; dès qu'elle sera prouvée, *nenduan* trouvera son explication dans l'imparfait de *iduki* ou *euki*. Comme l'imparfait est formé du thème verbal, auquel est préfixé le pronom-sujet, et suffixé la caractéristique (*n*) de ce temps, *iduki* a donné *nedukan* (*n-iduk-n*) et *euki* *neukan*; v. Larramendi, Lardizabal, etc.

Imparfait de *iduki* ou *euki* „tenir"		Imparfait de l'auxiliaire.		
guip.	bisc.			bisc.
Nedukan	*Neukan*	*Nenduan*	ou	*Neban*
(H)edukan	*(H)eukan*	*(H)enduan*	»	*(H)euan* [1]
Zedukan	*Eukan*			*Euan*, *evan*, *eban*
Genedukan	*Geunkan*	*Genduan*		
Zenedukaten	*Zeunken*	*Zenduen*		
Zedukaten	*Euken*	*Eud'en*	»	*Euen*, *ebeen*

Le *n* intercalé se retrouve dans la 1re et dans la 2me personne du pluriel de *iduki*: *genedukan* ou *geunkan*, *zenedukaten*, ou *zeunken*. Le dialecte bisc. qui paraît tenir plus à la concision qu'à l'harmonie, fait suivre *k* à *n*.

On voit que le dialecte guip. a choisi *iduki*, d'où *nedukan*, etc., et le dialecte bisc. *euki* d'où *neukan*, etc.; mais les deux variantes se retrouvent dans l'imparfait de l'auxiliaire bisc. Puisqu'en bisc. le *u=v=b*, on écrit *euan* ou *evan* ou *eban*, „il avait".

Tout concourt à admettre *iduki* comme origine de la conjugaison absolue; seulement la chute du *k* doit être certaine. D'autres que nous ont éprouvé la même difficulté, signalée dans notre dictionnaire, s. v. *euki*, de prouver la chute de cette lettre. Dans la Revue de linguistique (vol. V, p. 206), nous lisons dans un article de M. Vinson: „Mais dit le Pce

[1]) Zavala écrit *ev'en* v. p. 25.

„B, que faites vous du *k? Ukan* devrait faire *dukat* et non „*dut* [1]); jamais le *k* ne disparaît ainsi; les explosives fortes „persistent à l'encontre des douces."

Il nous semble que, quoique rares, on peut citer des exemples de l'élision de la lettre *k*; p. ex... *hiruretan ukaturen nauüla,* Matth. XXVI 34. *Nauala* est ici pour *nauk-la.* Et encore: *hitz purac ukanen luela sartze Heuskal-herrian.* Liçarrague, Ep. dédic. „Que la parole pure aurait entrée dans le pays basque." *Luela* est pour *luke-la.* Un exemple plus satisfaisant peut-être, c'est le nom verbal *ebaki,* qui est *ebai* en bn., et dont le causatif est *erabai* en biscaïen. N'oublions pas que le Pce Bonaparte cite Fontarabie et Irun comme des localités où l'on prononce le *k* dans *gizonaken* et *gizonaki.* Voyez Revue de ling. vol. 2, p. 282. Les pluriels sans *k,* auraient donc perdu cette lettre.

Pour différentes, raisons nous voulons nous arrêter un moment à cette question. Dans notre Essai, p. V. nous avons exprimé notre doute sur la valeur de cette découverte du Pce Bonaparte dont M. de Charencey a fait mention, sans citer l'auteur, dans sa brochure: La langue Basque et les idiomes de l'Oural, p. 72, et suivantes; 1862. Dans la Revue le Pce B. remercie M. de Charencey d'avoir rendu publique sa „petite découverte linguistique"; sans ajouter aucun commentaire; cependant le Pce B. ne parle là que du génitif et du datif; M. de Charencey, nous ignorons si c'est seulement son opinion ou aussi celle de Pce B., admet aussi le nominatif, comme ayant perdu le *k*, et à ce sujet il dit: „A l'origine „la marque du pluriel semble avoir consisté dans la désinence „*ak,* précédant le signe du cas". — C'est à cette dernière

---

[1]) M. Vinson voudrait expliquer *dut,* comme dérivant de *ukan* et considérer toute la syllabe *kan* comme adventice.

Nous voulons faire observer qu'il nous est déjà arrivé une fois de citer les paroles de M. Vinson pour celles du Pce Bonaparte. Après le mot *dut,* il n'est pas clair à qui il faut attribuer les paroles dans ce paragraphe.

supposition que nous avons appliqué l'expression de „pure conjecture" qui a tant froissé M. Duvoisin, v. notre dict. p. XXX. Non seulement nous maintenons ce que nous avons dit alors, pour le nominatif, mais nous croyons que c'est une supposition entièrement erronée. Le pluriel du nominatif n'a jamais eu rien de mystérieux; le singulier étant *gizona* et le signe de pluralité étant *k*, *gizona* doit faire *gizonak*. Ce ne sont que le génitif et le datif qui demandaient une explication, et la découverte du P[ce] Bonaparte la donne aussi complétement qu'on peut le désirer.

Nous ajouterons qu'encore aujourd'hui, la constatation pure et simple du fait ne serait pas suffisante pour lui donner un caractère de certitude inattaquable. La chute du *k* n'est pas même acceptée comme un fait possible, par le P[ce] B. lui-même, comme on l'a vu plus haut. Ce n'est donc qu'aujourd'hui que cette forme acquiert, pour nous du moins, une grande probabilité, étant appuyée sur des formes analogues. En fait de langue basque il est prudent de n'accepter rien que sur des preuves certaines. La chute de la lettre *k* une fois prouvée, *gizonaken* peut être admis comme forme primitive de *gizonaen*, mais pas avant.

Le P[ce] B. nous permettra de relever une remarque par rapport au sens „local" de *eta*. Nous admettons entièrement l'explication donnée à M. Vinson, excepté quand le P[ce] B. dit „que „*eta*, employé comme suffixe, tout en conservant son sens „additionnel, cesse d'être local." — Nous croyons que *eta* n'implique aucune idée de localité; la lettre qui indique la localité, c'est *n*; nous avons parlé de son origine p. 71—73. Un autre résultat que nous ne pouvons nous empêcher de mentionner ici, c'est que la chute du *k*, nous met sur la voie pour expliquer aussi le pluriel des pronoms démonstratifs. Nous croyons avoir démontré dans notre dictionnaire que le pronom démonstratif était primitivement *ar*; par conséquent au pluriel *arek*, ou *aek*, après la chute de *r*; ces deux formes se sont conservées en biscaïen. Mais pourquoi le génitif est-il *ayen* et le datif *ayei?* Parce que le *k* primitif, dont nous ne connaissons, jusqu'à ce jour, aucun exemple de mutation en *h*, offre plusieurs cas où il devient *y* (v. p. 55), et ainsi *aek* + *n* devient *aeyen*, par contraction *ayen*, et *aek* + *i* *aeyi* ou *ayei.* [1]) Quelques dialectes ont préféré l'élision à la mutation, et disent *aen* et *aei.* Ces formes plurielles, tant du nom que du pronom, étaient de véritables énigmes.

Voilà pour le moment les preuves que nous pouvons produire pour la chute du *k*; sont-elles suffisantes? Il sera prudent de ne pas se prononcer définitivement, bien que la présence du *d* dans les deux imparfaits, plaide fortement en faveur de *iduki,* comme origine de la conjugaison absolue.

---

[1]) *Igo* (de *ik*) = *ikan*, monter, est cité chez Larramendi comme *igo*. Comparez *hekiek* = *heyck*, lab.

TABLE DES MATIÈRES.

—

TABLE ANALYTIQUE.

F.

H.

I.

K.

L.

M.

N.

O.

P.

R.

T.

U.

V.

Y.

Z.

ERRATA.[1]

Page	ligne	au lieu de	Lisez
21	2 d. h.	*na okan*	*narokan*
22	12 d. h.	*diiuza*	*dituzak*
24	5 d. b.	*doroat*	*daroat*
29	4 d. b.	*nayoan*	*nayoen*
43	3 d. b.	*darot*	*darok*
46	4 d. h.	*deitzut*	*deizut*
46	11 d. b.	*deitziet*	*deiziet*
54	8 d. h.	*daroatzuet*	*darotzuet*
67	Le *l* initial des 3mes pers. aurait dû être une lettre capitale.		
80	1 d. b.	entièrement	extrêmement
87	La dernière des quatre colonnes appartient au dial. soul. et non lab.		

[1]) Nous avons seulement indiqué les fautes qui pourraient induire en erreur, et qu'il serait bon de corriger de suite.

www.ingramcontent.com/pod-product-compliance
Ingram Content Group UK Ltd.
Pitfield, Milton Keynes, MK11 3LW, UK
UKHW020315180726
13839UKWH00001B/468

9 782329 612560